へそ道

heso-do

宇宙を見つめる
使命を見つける

入江富美子

サンマーク出版

「ミッションを生きる！」

人生は、そう決めたときから大きく動き始めます。

はじめに

「自分の中に答えがある」

それをお伝えするのが、この本のミッションです。


私は幼い頃から、漠然と「正しい生き方」というものを探し求めていました。

しかし、何が〝正しい〟ことなのか、自分が何を求めているのかがわかっていませんでしたので、肩書きやお金、結婚、出産など、一般的にみんなが求めているものを目標において、チャレンジを繰り返してきました。

ところが、いくら目標をクリアしても自分自身が納得できず、何か大事なものが欠けている虚しさは消えません。何が欠けているのかわからないまま次の目標を立て、それを達成してもやっぱり欠けているものを埋められずに落胆する……そんな日々が続きました。

とうとう自分の求める生き方が、いったいどこにあるのかまったくわからなくなった私は、ただただ**「ミッション＝使命を生きたい！」**と心から祈りました。他にできることは何もなく、毎日毎日祈り続けました。

そして2005年の大晦日の夜。人生を大きく変える出来事が起こりました。

突然、探し求めていた答えが、私のお腹の底からわき上がってきたのです。

私のもとにやってきた具体的なミッションについては、後ほどお話ししますが、これは「自分の中に答えがある」ということを体験した初めての出来事でした。

それからの自分が変わっていくプロセスを振り返ってみると、その日を境に「私の魂は、入れ替わったのかな?」と思うくらいに人生が変化していきました。


「自分の中にある答えを見いだし、自分を信頼して生きる」。これこそが私の求めていた生き方でした。ほっとする安心感と「いいふうになる」と思える喜びは格別で、長い間、忘れていたような懐かしい感覚でもあります。

ミッションがお腹の底からわき上がる不思議な体験をしてからは、自分とのつながりを取り戻すような毎日が始まりました。その瞬間瞬間の自分を信頼し、行動に移すことをとおして、まるで過去の自分と今の自分が和解していくようでした。そして、そのプロセスこそがミッションそのものだったのです。

私の人生が変化するようになってから、「どうすればミッションを生きられますか？」という質問を多くの方々からいただくようになり、誰もがそのような生き方を望まれていることを知りました。

そこで、尋ねてくださる皆さんへ、具体的に伝えることを始めました。

人生の生き方さえわからず、道に迷っていた私だからこそ、このことを伝えられる！と強く思うと同時に、伝えずにいられなかったのです。

大晦日の体験をとおして、答えは自分の中にあるということだけでなく、そのように生きていくことを伝えるためのプロセスや情報も自分の中にあることがわかりました。

それは、私だからできるのではなく、**「へそで生きる！」**――そう決めた人なら誰にでもできる、そう心から思えるものだったからこそ、伝えたくてたまらないのです。

お腹の底からわき起こってくる声に耳を傾け、その声（情報）をひもときながら、具体的な実践の方法をまとめたものに、私は**「へそ道」**と名づけました。そして、それを多くの人たちに伝えつづけていくことを決心しました。

「へそ」で生きるとは、自分の本質との関係を深めていくことです。

「へそ道」とは、今ここに生きていることを実感し、喜びをもって生きられるようになる具体的な実践方法です。

昔から「おてんとうさま」に見守られていることを知っていた日本では、これは当たり前の生き方なのかもしれません。

「へそ」で生き始めると、自分の人生の価値は、「何を成すか」だけではなく、どのように「在る」か、そしてどのような「在り方」で「事を成していくか」になっていきます。

それには終わりがなく、いつまでも成長できることなので、喜びもひとしおなのです。

ミッションを生きると決めてからの導きは大きく、私のそれまでの悩みも苦しみも取り巻く環境も、すべては**「もとの生き方にかえること」**のためだったのだと気づかされました。

それまで私が人生に迷っていたからこそ、幸せを探し求めるなかで学んできた気功、整体、心理学、コーチング、カウンセリング、自然療法などの経験のすべてが、へそで生きることを伝えるための大きな助けになっています。

これまでの人生のすべてが「へそ道」のためだったのかとさえ感じるほどです。

人は本来、すべてのもととつながっていて、一つだといわれています。

それを概念ではなく、日々の生活の中で大切にしていた時代がこの国にはありました。

その時代の記憶は、私たちの中の深いところで、今もなお眠っています。

そのような人類共通の記憶を呼び起こし、すべてのもとの情報をわき上がらせて生きること。つまり**「もとにかえる生き方」**をこの本ではご紹介しています。

おそらく、この本を手に取っていただいた読者の皆さまの多くが、懐かしい感覚を思い出されることでしょう。それは、これまで私たち日本人が日頃から大切に感じてきたことや、言葉にはしないけれど、共有してきた感覚なのだと思います。

真理は、**「古くして古いものは滅び、新しくして新しいものも滅びる。古くして新しいもののみ永遠に不滅」**といわれます。

素晴らしくて新しいものが、どんどん生まれる恵まれた時代だからこそ、懐かしい「へそ」を意識した、この「古くて新しい生き方」が私たちの中からわき上がってくることを信じています。


心という、ころころと移り変わる難しいものをもちながら、人生を喜んで生きるには、この「へそ」の存在を知ることがとても大切です。
それこそが、豊かで幸せな人生を送る鍵になるのだと私は実感しています。

では、「へそ」で生きるとは、どういうことでしょうか。

第1章では、私の実体験をとおして「へそ」で生きるようになった変化のプロセスをお伝えしていきます。まずはそのエッセンスを感じていただけたらと思います。
第2章より「へそ道」の基礎となっている昔の人たちの生き方や実践方法をご紹介していきます。皆さんの人生においても具体的に活かせるよう、ご自分の人生と照らし合わせながら読み進めていただくと、より実感しやすいだろうと思います。

これまで出会ったすべてのことに感謝をして、この「**へそ道**」をお伝えできることを喜びつつ、よき時代のために、本書がお役に立てば幸いです。

著者

へそ道　～宇宙を見つめる　使命を見つける～　目次

目次

第2章 「なんとなくの世界」を知る

目次

第3章 「へそ」で生きる

第4章　へそと自己受容　～自分を受け入れる大切さ～

装丁　渡辺弘之
本文ＤＴＰ　ジェイアート
本文イラスト　入江富美子
編集協力　服部みゆき
編集　鈴木七沖（サンマーク出版）
高瀬沙昌（サンマーク出版）

第1章　本来の自分とつながり直す道

「キャリアを積んで仕事がうまくいけば……」
「独立してお金をたくさん得ることができれば……」
「好きなことを仕事にできれば……」
「結婚すれば……」
「子どもを授かれば……」
外側にばかり答えを求めていた私がいました

目標を達成しても けっして消えない虚しさ

幸せな人生、喜びがあふれる人生にしたいと願いながら、多くの人が毎日を生きておられると思います。私自身も、みんなが笑顔で仲よく過ごせる素晴らしい人生にするぞ！という思いで次々と目標を掲げては、それに向かって進んできました。

ところが、私の場合、自分の目標を達成しても達成しても、どこか心の奥底の虚しさが消えませんでした。そのたびに、

「きっと自分の掲げた目標に問題があったんだ。今度は違うことに挑戦してみよう」

そう思い直しては新たな目標をもち、それに向かって次々と挑戦していきました。当時は自分のことを、何事にも夢中になる、明るくて積極的な性格なのだとさえ思っていたほどです。

ところが心の中は、いつも自分に自信がなくて、不安で、そんな自分がいやで、いつも自己否定してばかりいる、そして何より孤独感をいっぱい抱えていました。

あの頃はその気持ちがどこからくるのかわからず、感情に振り回されていました。しかし、「ミッションを生きる！」と決めたことで、自己否定感や孤独感が、なぜこれほどまでに自分の中にあるのか、その理由がはっきりとわかりました。

それは、自分自身で**「本来の自分」**とのつながりを切っていたからだったのです。

人は誰でも、多かれ少なかれ「本来の自分」との関係を、「自ら」の意識で切ってしまう体験があるのではないでしょうか。本来のありのままの自分から遠く離れてしまったかのような体験です。自分ではない別の何者かにならなければ自分には価値がないという思い込みの気持ち……。それは、特に幼い頃、

「今のままの自分ではだめなんだ。変わらなければ」

「このままでは愛されない」

「自分ではない何者かにならなければ受け入れてもらえない」

無意識のうちにそう信じて、人生に取り入れてしまうケースはよくあります。こうして本来の自分を否定するときに、自分とのつながりが薄れ、自分を信頼できなくなったり、直感力から離れてしまったりするのだと思うのです。

しかし、このことに気づけば、そのとき取り入れてしまった思いを解放することで、も

う一度、自分とつながり直すことができます。このことは、「へそ」で生きるための大切なプロセスです。

この章では、私がどのような体験を重ね、どのようなプロセスを経て生き方を変化させていったのかをご紹介していきます。実際のリアルな人生で、どうやって自分とつながり直すのか、または、どうやって「へそ」で生きるのかのエッセンスを感じていただけたら、皆さんが変化していくときに、少しでもお役に立つかもしれません。

私の体験をとおして、皆さんもご自身の内面を感じながら読み進めていただけたらと思います。

罪悪感を埋めるために何者かになろうとした体験

振り返れば私にも、自分の「へそ」と離れてしまった体験がありました。

それは6歳のときのことでした。

私は毎晩、父親と一緒に寝ていたのですが、ある日の明け方、人の気配で目が覚めると、目の前に救急隊員の顔がありました。ただごとではない緊迫した気配を理解できない私の心に、救急隊員の「あと5分早かったら」という言葉が突き刺さりました。

私の隣で、父が心臓まひで亡くなっていたのです。享年29歳でした。

その言葉を聞いて、私が早く気づかなかったから父は亡くなってしまったんだ、私が間違ってしまったんだ、私が悪いんだ、と思ってしまいました。

周囲のみんなが悲しむ姿や、大黒柱を失って一家の人生や生活が大きく変わってしまったことは、全部自分のせいだと罪悪感でいっぱいになってしまったのです。自分は取り返しのつかないことをしてしまったのだと。

それからは、いつも自分を責めて生きてきました。人の顔色をうかがったり、世間体や常識、自分は正しいかどうかが気になって仕方がありませんでした。

いつのまにか、自分の考えは信用できず、間違うことが怖くて、自分がどうしたいかを感じることよりも、正しく生きることを切望するようになっていました。

まるで強迫観念にとらわれたかのようなこの思いが、幼い頃の父の死から受けた影響によるものだということに、ある時点までまったく思いも及びませんでした。

こんなに生きづらい私も、仕事で成功してキャリアを積めば家族を幸せにできて、自分も、強く生きられるようになるんだと思い、大人になって働くのが楽しみでした。

そして学校を卒業した私は、小学校６年生から憧れていた念願のファッション・デザイナーになりました。夢はどんどんかなっていきます。憧れのブランドを担当することができて、海外でのファッション・ショーも経験し、自分の実力以上に華やかでやりがいのある仕事を任せていただきました。

ところが、一人になってわれに返ると心細く、「こんなポジションに身を置けるような自分じゃない」と居心地の悪さを感じていました。ダメなところを他の人に見つかってはいけないと、それを隠すために必死で勉強をしたり、いい格好をしてみたりと変なところばかりに神経を使って体調を崩すほどでした。

仕事でキャリアを積めば、やっと安心できるのだと思っていたにも関わらず、実際は安らぐことがありませんでした。

キャリアで幸せになれないのなら、人生はお金なのではないか？　お金があれば、この不安から逃れられるかもしれない……そう思った私は、25歳のときに服飾関係の会社を立ち上げました。おかげさまで運よく会社は順調に進み、満足のいく収入を得ることもできました。

ところが、仕事にやりがいも感じ、収入も十分あったにも関わらず、やはり心の穴は埋まらずに虚しい気持ちは消えません。

私が求めているものはお金では得られないんだ、とあらためて思い知りました。

そして今度こそはと考え、本当に好きなことをしたら心の穴が埋まるかもしれないと決心。５年間続けて順調だった会社をたたんでまでして、仕事をしながら学んできたアロマテラピーを中心とする自然療法のセラピストとして、もう一度ゼロから始めることにしたのです。

セラピストの仕事は、天職と思えるほど楽しく、専門学校や企業研修の講師として活動をしました。会社を経営しているときとは違う環境で、毎日忙しい日々が続きました。

自分でも理解できないのですが、表面の私はいきいきと仕事をしているものの、実はこのときも私の心の中は以前と変わらない生きづらさを抱えてあがいていました。まだなお自分の心が救われる本当の生き方を求め続けていたのです。

「私は足るを知らないのか⁉」と、自分のことを我が強く、感謝が足りないのだとさらに自分を責める自問自答の日々でした。

そして結婚――。それでも、心の不安はなくなりません。答えを求めることをあきらめて普通に過ごしたいと思うのですが、どうしてもあきらめきれません。大切な何かがきっとある！　そう思う自分の本音からはどうやっても逃れられないのです。

ただ安心して普通の日々を過ごしたいだけなのに――自分の力ではどうにもならなくなっていた私は、心の底から最後のお願いをしました。

「神さま、最後のお願いです。どうぞ子どもを授けてください」

追いつめられたときにやっと気づいたこと

なんと身勝手なことだと今では思いますが、当時は、子どもが授かればすべて解決する、普通の人のように幸せになれる、そう思っていました。

しかし、そうはいきませんでした。

「子育て」という、まさに自分の本音を隠し切れない状況の中で、ますます心の不安は大きくなっていったのです。子どもを育てていくうちに、自分が幼いときから隠していた寂しさや恐れの気持ちが現れ出して、心の中はさらに乱れていきました。

そんな私の心を見透かすように、授かった二人の子どもは重度のアトピーに悩まされ、大変な闘病を味わうことに……。夜は痒《かゆ》くて眠れないと泣く子どもの背中を、一日も休まずに朝までさすり続けるのです。

その時期に、夫の会社が倒産。経済的にも追い込まれるなか、子どもの預け先もないままに必死で仕事をしながらの生活でした。今振り返っても人生で最も辛い数年間でした。

さらに大好きだった祖母が亡くなった数日後、今度は三番目に授かった子どもを流産。二人の子どものことだけではなく、家庭のこと、仕事のこと、人間関係のことなど、そのときの私は何もかもがうまくいかず、これでもかっ！　というくらい自分の力ではどうしようもない状態が重なりました。

「何かが間違っている！　正しくありたい」

「病気を受け入れられない」

「私はダメな人間なんだ」

いろいろな思いが渦巻いて頭の中は整理できず、ただ生きることだけで精いっぱいでした。

「キャリアを積んで仕事がうまくいけば……」

「独立してお金をたくさん得ることができれば……」

「好きなことを仕事にできれば……」

「結婚すれば……」

がむしゃらに求めても、私の望むものはそこにはなく、最後には、あれほど「これさえあれば何もいらない」と思っていた子どもを授かったにも関わらず、安定どころか不安でいっぱい。もうどうしていいかわからなくなっていました。

ここまで細かい状況を書き進めてきたのは、自分がどれだけ頑張ってきたかを伝えたいからではありません。

本当に伝えたいことは、幸せになりたくて自分が思い描く未来を手に入れても手に入れても、何か大切なものがやっぱり足りなかったということです。

そのうちに、私はふと、自分の目標を達成しても、そこに私の求めているものはないのではないか……と思い始めました。

今までは、外側にある何かを手に入れようとして必死に動いてきました。そこに大切な何かがあると信じて。ところが、やっと気づいたのです。もうこれ以上、何を得たとしても、**自分の求めているものは外側にはないのだ**、と。

今まで、自分を受け入れていない私が掲げた「目標」や「ビジョン」は、欠けている自分、ダメな自分を埋めるためのものでした。

でもこれからは、ダメな自分を埋めるのではなく、たとえ誰にも褒《ほ》められなくても、本当に自分がこの地球に生まれてきた役割、自分の命がここに生まれ、これをやりに来たのだ！　と命が喜ぶ「ミッション（使命）を生きたい！」と心から思いました。

そして毎日「ミッションを生きられますように」と祈り始めたのです。

ビジョンからミッションへ力は向こうからやってくる

毎日、祈り続けていたある日、私の人生を変える言葉に出会いました。

当時、カウンセリングを学んでいた心理学者でもある牧師先生から「ビジョンではなくミッションを生きること」についてのお話をお聞きしたのです。そのとき先生から聞いた言葉が、その後の私を励ましつづけることになりました。

先生はアメリカで心理学を学び、その後は永住権を得て、アメリカ国籍の女性と婚約。未来への希望でいっぱいだった矢先、神さまから日本の小さな教会に戻るようにとミッションを示されたそうです。

先生は考えた末に、アメリカでの輝く人生を約束された道ではなく、すべてを捨てる覚悟で神さまの示された道を選ばれました。

「ミッションはね、選ぶもんじゃないよ。大変だよ」

先生は笑いながらおっしゃいました。アメリカでの生活を望まれていた奥さまもともに日本に来られましたが、慣れない国での心労から病気になり、入院生活を送るなど大変なご苦労をされたそうです。それでも先生はあきらめませんでした。

「でもね……ミッションを選ぶと得も言われぬ幸せが待っているんだよね」

先生はミッションを選ばれたことで大変な苦労をされましたが、今ではその教会は世界中から人が来る場所となり、奥さまとともに大変、幸せに暮らしています。

「得も言われぬ幸せ」という言葉に重みがあって、私の心に深く染み入りました。

「**ミッションはね、自分が行こうとしているほうとは違う道を示されるよ。**そのとき、それを選べるかどうかだよ。そっちを選べる人は全体の５％なんだ。だから空席がいっぱいあるんだよね」

さらに続けられた次の言葉が、私には衝撃でした。

「ビジョンは自分から描くから力は自分もちだよ。でも**ミッションは向こうからやって来るから、力は向こうもち**だよ」

私は「向こうもち」の感覚を、知っていると直観しました。

「そうだ！　私はミッションを生きるしかない！」

そんな決意にあふれた私は、先生に尋ねました。

「どうやったらミッションを生きられるのですか?」

先生は確信に満ちた顔で、私に教えてくれました。

「毎日、『**天が期待していることを私に実現させてください**』と祈りなさい」


「天が期待していることを私に実現させてください」

その日から、私は毎日、心を込めて祈りました。

追い込まれた生活の中で心も弱まり、ふと「自分の人生を終わらせてしまいたい!」、そんな衝動にかられたときもありましたが、真っ暗闇の日々の中で、私を引き止める力を信じるしかありませんでした。

私には祈ることしか残されていなかったのです。

しかし、「祈る」というたったそれだけのことでさえ、私にとっては大変、苦労のいることでした。

「**天が期待していることを私に実現させてください**」

この一言を言葉に出すと、憎悪に近いような感覚に襲われ、怒りが出てくるのです。

「こんな私に、そんなことができるはずないじゃないか!」

自分を引き下げる思いや言葉が心の中からあふれ出し、それに圧倒されました。

ところが、一心に祈り続けていたある日、大きな変化が起きました。

まるで、コン！　と音がするように、自分の心の中が変わった気配を、はっきりと感じたのです。

陰陽が入れ替わるような、暗闇が一瞬にして晴れるような、そんな瞬間の音だったのかもしれません。

「天が期待していることを私に実現させてください」

「そんなことできるはずがない！」

そういうネガティブな思いから、

「天が期待していることを私に実現させてください」

「いや、できるかもしれない！」

可能性を感じる思いが出てきたのです。

その思いがどこからやってくるのか……そのときはわかりませんでした。

私はただ信じて祈り続けました。

そして、運命を大きく変える大晦日の夜を迎えたのです。

幼い子どもに戻って深い感情にふれた夜

それは、２００５年の大晦日の夜でした。

テレビでは年末の番組が流れていて、まさにカウントダウン寸前か、その直後だったと思います。私は一人で、２か月前に亡くなった祖母のことを思い出しながら、淋しくて、悲しくて、年甲斐《としがい》もなく声を上げて泣いていました。

私は大のおばあちゃん子で、母親以上に祖母を慕っていました。その祖母が亡くなったことで心細くて、心のよりどころまでがなくなったような、なんとも言えない悲しみで心の中はいっぱいだったのです。泣きながら、祖母と過ごした懐かしい子ども時代のことを思い出していました。

いつも祖母と一緒にいたくて、いつでもどこにでも後ろを追いかけていったこと。祖母が私を特別に可愛いがり、欲しいものを買ってくれたことや、私だけいろんなところへ連れて行ってくれたこと。そんな祖母との思い出にあふれた子ども時代でした。振り返れば振り返るほど、祖母が恋しくてたまりません。

子どものころを思い出すうちに、まるで自分が子どもに戻ったような感覚になっていきました。ところが、幼い自分に戻っていくうちに、さっきまでの祖母を慕う私の心の奥から「くそーーーーっ！」という怒りのような深い恨みの気持ちがふき出てきたのです。それは、本当に突然！

「あのくそババァーーーーっ！」

自分でも驚きました。悪い感情はもってはいけないと思って生きてきた私は、まさか、自分の中にこんな感情があるとは思いもよりませんでした。

私はふだんから、よくない感情をもってしまったときでも、一瞬で消したり、その感情を覚える前に感謝しなければと気持ちを切り替えたり、理屈で押さえ込んだりするのが得意でした。今まで、そうやってなんとか本当の気持ちをごまかしてきたのです。

しかし、この日は、いつもと違いました。

泣き疲れたのと、気持ちが子どもに戻ってしまっていたからでしょうか。感情を抑え込む力がどこからも出なくて、ただそのままわき出た恨みつらみを、出るに任せるしかありませんでした。

そのまま抵抗もせず、観念するように感情をわき出るままにしていると、「あれ？　これは……」と重くてネガティブな感情が、実は、とてもなじみ深い感覚だということを思い出したのです。

「私は小さいときから、ずっとこの感覚をもっていたのかもしれない……」

そのような気持ちがあふれましたが、すぐにそれに抵抗する自分もいました。

「そんなはずがない。あんなに可愛がってくれたおばあちゃんが死んでしまったのに、死んだ人のことを恨むだなんて、あるはずがない」

大人の部分の私は、頭ではそうわかろうとしていながらも、子どもに戻った私の心は孤独で悲しくて、淋しさが込み上げてくるのでした。

あんなに可愛がってくれた祖母のことを本当に恨んでいるのだろうか？　本当に祖母に対して感謝がないのだろうか？　幼い子どもに戻りながらも、どこかで大人の私がそう思っていました。

そして、「そんなはずがない」と、もう一度、心の中を探してみました。ところが、本当に驚いたことに、感謝の思いが見つからないのです。私の心には祖母に対する感謝の思いがかけらもありませんでした。

それに気づいたときの私の心は、まさに両手をあげて降伏した感じがしました。「よい人として生きたい」「心豊かに生きたい」「人のためになる人間になってみんなを幸せにしたい」、そう子どもの頃から願い続け、思い続け、よい生き方に向かっていると思っていました。そう思うことで、なんとか頑張ってこられたのかもしれません。

しかし本当は、どろどろした憎しみや恨みなど、自分でも見たくないような心をもっていたのが正直な私だったのです。これが本当の私なのだ……そう観念したとき、父を亡くした6歳のときのことをあらためて思い出しました。

私の隣で父が心臓まひで亡くなり、救急隊員の「あと5分早かったら」という言葉を聞いて以来、父の死を自分の責任だと思ってしまっていた私。

「私が間違ったからお父さんが死んだのかもしれない」

本当は怖くて、不安で、誰かにかばってほしかった幼いときの私は、大好きだった祖母にだけは、この複雑な気持ちをわかってほしかったのです。

しかし、あの頃の祖母はどうだったかといえば、今考えれば経済的にも無理のないことだと思えるのですが、私が何か自分のやりたいことを伝えるたびに、

「あなたはお父さんがいないから、これはできないよ」

「あなたは片親だから、普通の子のようにはいかないよ」

父の死を理由に、私の人生を制限しようとする祖母の言葉が、父を救えなかったという私の後悔の気持ちを膨らませるだけではなく、一生をかけて償うために幸せになってはいけないという思いを強くしていたのです。だからこそ大好きな祖母に対して素直に感謝できなかった自分の本心が奥の奥に潜んでいたのでした。

自分を受け入れた瞬間にミッションがやってきた

あの日、大晦日の夜……。いつもの私ならば、感謝のない私を、私自身が許さなかったでしょう。そして正しい考えに思い直させて、それまでと同じように、本当の心に蓋をして、ふたたび頑張らせていたかもしれません。

しかし、その日は、大人になっていた私が、幼かった6歳のときの私にこう言ったのです。

「お父さん、隣で死んで怖かったよね。誰かにわかってほしかったよね。人のことを考えられなくてもしかたないよ。感謝できなくてもいいよ。感謝のできない、人のことも考えられない私のまま生きていこう。この感謝のない私のまま、できることをやっていこうね」

その瞬間、まるで全身に無数の花が開くような、不思議な感覚が広がりました。まるでスイッチが切り替わるようでもありました。

その言葉は、私がいちばんほしかった言葉でした。

ずっと本来の私が待ち続けていた言葉でした。

幼い頃、誰か一人でも、自分を責めている私にこんなふうに言ってくれていたら、私の人生は救われていたかもしれません。ずっと周囲の大人や世の中に、その言葉を求めていたのだと思います。

しかし、長い間、実際に小さな私を責め裁いていじめていたのは、他の誰でもなく自分自身でした。そして今、大人になった私が、幼かった私にその言葉を伝えることができて、ダメな自分をそのまま受け入れ、間違った私を許したのです。一瞬のことでしたが、永遠にも感じられた不思議な体験でした。

体が溶けてしまうのではないかと思うほど、許された気持ちに包まれていきました。

生まれて初めて、そのままの自分をまるごと受け入れた瞬間でもありました。

そのときです。お腹がグオ～～～ッ！　と振動し出しました。

そしてお腹の奥底から、その響きとともに**「ありがとう！」**と言葉があふれ出したのです。さっきまで感謝のかけらもなかった私から、吹き出る泉のように感謝があふれ出しました。

「このままの私でいいんだ！　ありがとう！」

まさに長年、閉じ込められていたものが、開放されて吹き出すようでした。

これこそ、今思えば、後で詳しく述べる「天の蛇口」が開いて、「へそがわく」「へそとつながる」初めての経験だったのです。

感謝のかけらもなかった私のお腹からあふれ出した「ありがとう」。その感覚は今でも忘れられません。その時、一瞬で感じました。

「感謝はするものではなく、あふれ出すものなんだ」

あふれる感謝の思いは、「あれもしてほしかった、これもしてほしかった」と勝手な思いでいっぱいだった私の中から、「おばあちゃんは、あれもしてくれた、これもしてくれた」と祖母が私に向けてくれていた愛や思いを自然に感じ取らせてくれました。

そして、私がほしかったのは、お金でもどこかへ連れて行ってもらうことでもない、祖母にこの複雑な気持ちをわかってほしかったんだという怒りの感情から、ふと祖母の行動のすべては、祖母の愛だったんだなぁと突然、感謝の気持ちへと変化していきました。

「おばあちゃんも、息子を亡くした悲しみ、悔しさを誰かにわかってほしかったよね。おばあちゃん、ごめんね。おばあちゃんも私と一緒やったんやね」

急に祖母の存在が身近に感じられて、祖母と私は支え合う深い縁だったのだと気づいたのでした。

不幸と感じていた子ども時代が、一瞬で幸せな子ども時代へと変わっていきました。まるでオセロゲームの石が、真っ黒だったのが、真っ白にひっくり返ったような感覚です。

過去の出来事は変えられません。しかし、今の自分が変わることで、過去の出来事のとらえ方が一瞬で変わることがわかりました。

以前は、今の自分が不幸なのは、きっとご先祖さまに何か悪い因縁をもった人がいたからに違いない。両親も祖父母もご先祖さまも、何かがどこかで間違っているはずだ、私が正さなくては！　そう思っていました。

しかし、今の自分をそのまま肯定したとき、両親はもちろん、私につながるすべてのご先祖さまが、このままでよかったのだと思えたのです。

と同時に、まるで私から扇状に広がるように、すべてのご先祖さまが感謝でつながりました。「これが本当の先祖供養なんだ」と思えるほどの感覚でした。

今の自分を肯定するということは、両親を入り口とする先祖のつながりのすべてを全肯定することだったのだ、と思い至ったのです。

また、いつも自分が選んだものや、もっているものに価値が見いだせず、もっといいものが他にあるはずと不完全さを感じていた私でしたが、今の私を肯定できたとき、すべてが「これでよかったのだ、ありがとう！」と無限に感謝が広がっていったのです。

もっというなら、その思いは、一瞬で自分を産んでくれた親、先祖、宇宙、自分につながるすべてのものへと広がっていきました。

私の体は内側と外側との区別がなくなり、まるで全体と溶け合っているようでした。感謝のなかった私に感謝があふれ出したとき、まるで自分の周囲の宇宙に感謝の量が一気に増えるような感じさえしました。

そのとき、まるで向こうからやってくるかのように、ミッションがやってきたのです。

感謝とともにやってきた三つのミッションとは?

自分のお腹から感謝があふれ出したとたんにやってきた「ミッション」。

それは一瞬のようでもありましたが、時間の感覚がない瞬間でもありました。自分の体の外側からと同時に、お腹の奥底から、音の響きと振動とともにたくさんの情報が一気に流れ込んでくる、そんな不思議な体験でした。

そのときに受け取ったミッションは、全部で三つありました。

◎「この宇宙に感謝の量を増やす映画を作る」
◎「ひとさじの砂糖ムーブメントを起こす」
◎「自分の経験したことを講演する」

この三つを全身で受け止め、体内に蓄えるような感覚がずっと続きました。

今振り返れば、それはすでにミッションが実現している空間に身を置く感覚に似ているような気がします。確かに、すでに〝在るもの〟に触れている感覚です。

しかし、そのときの私は、意図していない急な出来事の数々に、どれも意味がわかりませんでした。なかでもいちばん強烈な印象だったのが、「宇宙に感謝の量を増やす映画を作る」というフレーズでした。

二つ目のミッションである「ひとさじの砂糖ムーブメントを起こす」は、なんとなく私が実行すべきテーマなのだと感じました。

ひとさじとは、少しのこと。砂糖とはワクワクとか、楽しいひらめきのたとえだと感じました。ムーブメントは、心に思うどんな小さなワクワクでも、自分を信頼して動き出そうということでしょう。

つまりこれは、どんな苦い薬もひとさじの砂糖があれば喜んで飲める。行動することは怖いけれど、ちょっとのワクワクを選んで、楽しんでアホになって動き出す、そのようなムーブメントを起こすことだと理解しました。

しかし、ムーブメントの起こし方など知るはずもありません。それならば、「ひとさじの砂糖ムーブメント」として自分が動くことならできる。大勢で動くのではなく、私がまず一人で動こう！　それで一つ目のミッションである映画制作を決心したのです。

ところが映画を作るといっても、何から始めていいかわかりませんでした。

ミッションがやってきたその事実と感触だけを信じて、映像経験ゼロ、知識ゼロ、人脈ゼロ、お金ゼロの何もない状況の中、子どもの運動会を撮るために買ったハンディカムのカメラだけを頼りに、映画を作ることに決めたのです。

もう一人の自分の声が「人のために動け！」と叫んだ

三つ目の「自分の経験したことを講演する」は、当時まったく意味がわからず、何かの間違いかもしれないと軽く流すことにしました。

それまでアロマテラピーの生徒さんたちの前で講義をすることはあっても、自分の人生の経験を人前で話すことなどほとんどありませんでした。「講演する」といわれてもピンとこなかったのです。

ですから、当時の私の頭には、「宇宙に感謝の量を増やす映画を作る」ことしかありませんでした。

それにしても望んでいたとはいえ、突然、確信に満ちたミッションが向こうから私の人生に飛び込んできたのですから、その瞬間は驚く気持ちでいっぱいでした。だからでしょうか。心から祈り、待ちに待ったミッションがやってきたにも関わらず、すぐに疑いの念がわき起こってきました。

「こんな私に、そんなことができるはずないじゃないか。いつものように、できない自分を責めて、しばらく落ち込んでいるのが私らしい」

自分を引き下げる思いが、私を引っぱりそうになりました。

ところが、そう感じた次の瞬間、初めて力強いもう一人の私が現れ、

「まだやる気か！　私なんて、私なんて――と言っている間は、自分のことをやっているんだ。そんな力があるなら人のために動け！」

内側からわき上がるように言葉が聞こえてきたのです。

これが、「もう一人の私」との最初の出会いでした。

自分でさえ、自分のことをあきらめかけていたそのとき、自分の中に眠っていた「もう一人の私」はあきらめていなかったのです。

この日以来、私は「もう一人の私」が自分の内側にいることを知りました。当時は、それを「一滴の無敵」と名づけていました。それくらいとても小さいのですが、その確信は揺るがないものだったのです。

自分の中にある「一滴の無敵」とともに生きること、これこそが、これからお話ししていく「へそ道」の始まりだったことを知るのは、もっと後になってからのことでした。

心定めをすることで見えてくる感覚に従う

私は「もう一人の私」の発する声がどれだけ小さくて聞き取りにくいものでも、自分の中の「一滴の無敵」（後にいう「へそ」の声）を選択し、ともに歩むと決めました。

そんな小さな心定めでしたが、たったそれだけの決心が、どれほど私の人生を大きく変え、人生で起こる出来事を意味のある学びにしてくれたことか計り知れません。

「へそ」の声、つまり**自分のお腹の底からわき上がってくる素直な思い**に従って生きるということを、言葉で説明するのは簡単ではありません。それは「なんとなく」の感覚からつかみとっていく生き方だからです。

その「なんとなく」の世界を生きるために大切なことについては、次章で詳しく触れていきますが、大切なのは、自分の本質を思い出して「〝へそ〟で生きると決めること」、そして自分の心にふとわき起こる感覚を「信じること」の二つです。

まずは「決めること」をしなければ、ふっと思わされることが感じにくいだけでなく、その証明も説明もできず、自分にしかわからない感覚を信じて動くことなどできません。

ミッションが降りてきたとき、映画の作り方なんてまったくわかりませんでした。

しかし、未来という見えない空間に「宇宙に感謝の量を増やす映画」が存在していることが、私の感覚でははっきりとわかっていました。これは「わかった」としかいえないことでもどかしいのですが、その映画が未来でたくさんの人を勇気づけているのが、そのときにはもうわかっていたのです。

「そうか！　私は映画を作るのではないんだ。未来にある映画をここにもってくればいいんだ！　それならできる！」

私に映画なんて作れないけれど、自分の中で感じた、すでに未来に存在している「あの映画」をここにもってくることならできる！

こうして、自分を信じる私のトレーニングが始まりました。

「未来」に観た感覚を頼りに「今」ふと思うことを実行する

この日以来、「一滴の無敵＝へそ」からふっと思わされることを選ぶと、本当に「いいふうに、いいふうに」と誘われていく体験を積み重ねていきました。

最初は半信半疑の連続でしたが、日常の小さなことから、ちょっとした責任が伴うような大きな判断まで、ふっと思わされる感覚をつかみ、それを実際に選んで実行していく勇気や自分を信じる力が磨かれていったのです。

それは長い間、無視しつづけた自分とのつながりや信頼関係を修復することでもありました。私は自分を取り戻すリハビリだったように感じています。そうやって、自分を裏切らず、直感を選択していくうちに、起こる出来事やその判断の結果を楽しんでいる自分がいました。

たとえば直感で選んだ事柄が、一見うまくいかないことであっても、後々になると「あぁ、あれはここにつながっていたんだ。これでよかったんだ」とわかるようになるのです。そのおかげで、いつの間にか起こったことをそのまま「よし」で受け止められるようになりました。

とはいえ、映画の制作中は、怖さや不安、悩みなどがいっぱいで、泣きながら選択するということの繰り返し。まだまだ自己受容などできていない私のままで、映画制作がまったくわからないのに撮影を始めたのですから、選択の訓練もたどたどしいものでした。

私にとっての映画制作は、あの大晦日の夜、ありのままの自分を受け入れたときにあふれ出た感謝をどうやって表現して伝えていったらよいだろうかというものでした。

私は自分を否定しつづけてきたせいで、大切な祖母の思いに気づくこともできず、自分だけではなく祖母のことも責めて生きてきました。そして、本当の思いに気づいたときには、祖母はもう亡くなっていました。恩返ししたくてもできません。その懺悔《ざんげ》するような思いを感謝に変えよう！　そう思ったのもあの同じ大晦日の日でした。

ですから、祖母にはもう恩返しはできないけれど、もしも私と同じように自分とのつながりを断ち切ることで愛情に気づけずに苦しんでいる人がいるなら伝えたい！　同じような思いをしている子どもたちがいるなら、私のように大人になるまで苦しまずに、少しでも早く楽になってほしい！　そんな「恩送り」の気持ちでいっぱいでした。

その思いは強く、神聖な気持ちでしたが、実際に映画を作ることができる力などあるはずもありません。

そのとき面白い感覚がわいてきたのです。

「映画に自分の本気を乗せたいなら、不可能だと思うことに挑戦しろ！」

その感覚に任せるまま、私は映画の主題歌を作詞作曲するだけでなく、自らが歌うことにも挑戦しようと決めました。決めただけでなく、ボイス・トレーニングまで始めました。

映画を作る力はないけれど、映画への本気さを伝えるために動けることがあるはず。

さらに、初めて作る映画にも関わらず、たくさんの方にこのメッセージを伝えたいと心から思ったので、初上映会は1000人収容の会場を予約することにしました。

映画を作りながら、作詞作曲、そしてボイス・トレーニング。初上映会は1000人規模の会場でおこなう——そう決めたものの内心は恐怖心にも近い、プレッシャーと不安でいっぱいでした。

しかし、未来にある映画を必ずここにもってくるという決心は揺らぎません。自分の中からわき起こる思いに従う気持ちも揺るがず、それを選んで進みました。けれど、その思いとは裏腹に、現実は大変な状況になっていました。

映画の初上映会1か月前、1000人の会場の集客は、なんと148名。お手伝いをしてくれるボランティア・スタッフは合計3名。もちろん歌も映画も完成していませんでした。考えれば考えるほど、心配や不安な気持ちが込み上げてきます。

しかし、そこからのラスト1か月の快進撃にはすさまじいものがありました。ふと思うことを選んだ連続は、書ききれないほどの、想像をはるかに超える奇跡を見せてくれたのです。

チャレンジした歌の音源ができ上がり、自分で「未来に感じた感覚はこれだ！」と思える映画が完成したのは、初上映会当日の朝でした。私は未来に観た「宇宙に感謝の量を増やす映画」を、ようやくここにもってくることができたのです。

当日は、イベントを応援しようと全国から１００名を超えるボランティア・スタッフの方々が集まってくださり、１０００人の会場は立ち見が出るほどのお客さままで大盛況となりました。

〝未来に観た〟としか言いようのない不確かな言葉に共感し、映画に協力してくれる仲間にも出会え、そして多くの力を貸してくださる方々との出会いに助けられて、私一人ではとうてい作り得なかった映画をとうとう完成することができたのです。

こうして完成した一作目の映画が『１／４の奇跡～本当のことだから～』です。

結果は、初上映会に集まってくださった１０００名の方にメッセージが伝わり、その熱気から日本国内で自主上映の輪が広がっていきました。この映画をまるで自分の映画のように思ってくださる方々のおかげで、今では世界18か国にその輪は広がり続けています。

私の好きな言葉に「光らせている人が光っている人」という言葉があります。これは尊敬する「伊勢の父」中山靖雄先生（修養団伊勢青少年研修センター元道場長）がおっしゃったものです。

その言葉をお借りするなら、私のミッションの実現を応援し、光らせてくださった方々こそが、光っている人であり、じつは「向こうもち」の力そのものの、天の力だと今も感謝しています。

その後も同じ思いを込めて３本の映画を制作しました。

今思えば、この映画の制作中のすべてが、自分を信頼し、「へそ」で生きるという古くて新しい生き方の仕込みであり、研修期間のようでした。そして私の映画制作のプロセスなどに興味をもっていただき、気づけば日本だけではなく、海外からも講演に呼んでいただけるようになりました。こうして三つ目のミッションである「自分の経験したことを講演する」ことも実現していったのです。

人生はほんとうに面白くてムダがありません。大晦日の夜、いちばん意味がわからなかった「自分の経験したことを講演する」というミッションこそ、私の人生のミッションだったのだと後から気づかされるのですから。

それは自分でも受け入れがたいような自分をありのまま受け入れること、ふと思うことや自分を信頼して行動に移すことなど、自分とのつながりを取り戻す経験があってこそ取り組めるミッションだったのです。

そして多くの人から「どうやったら私もミッションを生きられますか？」「ミッションを生きる方法を教えてください」という声をいただくようになり、そこから具体的な実践として「へそ道」と名づけてお伝えしていくことを始めました。

「このままの自分でいいという本当の意味がわかりました！」

「お腹から感謝がわいてきました！」

「へそで生き始めると人生が変わりました！」

「起きることすべてが学びだったんだと気づけました！」

「へそ道」のワークショップの受講者からは、このような喜びの声をたくさんいただくようになり、どんどん自分のへそを信頼して生き始める方が増えています。

私の変容のプロセスを聞いてくださった方が、「こんなに弱くてもいいんだ」「私にもできそう」と自分を受け入れられるきっかけになり、当たり前の日常が少しでも幸せになっていただけたら、これほどうれしいことはありません。

「へそ」で生きていくうちに、今の自分のままで誰かのお役に立てたり、幸せに生きられることを知るようになるのです。

「物事を成すには道程というものがある。

それは点々相連ねて線を成す。

線々相並べて面を成す。
面々相重ねて体を成す」

これは１０８年も続いている青少年の社会教育団体「修養団」を創られた蓮沼門三先生の言葉です。物事は最初から完成しているのではなく、すべてに段階があるということ。歩き出したからこそ、次の道が開かれる――ということを教えてくれています。

私のこれまでの失敗も人生の不安も悩みも、経験のすべては「へそ」を知るための仕込みだったのだと、今では思っています。

そして、今では本書のタイトルにもなっている「**へそ道**」をとおして「へその存在」を伝えることが、私の人生のミッションなのだと確信しています。

あの大晦日の夜から、私の「へそ」を探究する旅は現在も続いているのです。

第2章　「なんとなくの世界」を知る

喜んで生きることが親の願い
大切な人生を織り上げていくために
「魂」と肉体の仕組みや
「ほこり」の意味を知ること
そして「なんとなくの世界」を生きること

喜びながら生きていく
それが天の親の喜び

「ミッションを生きる！」と決めたことで、目標を達成する人生から本来の自分とつながり、今を喜び味わって生きていく――そんな人生に変わっていきました。

こんな生き方があるとは知りませんでしたし、想像もしていませんでした。何より自分がこの生き方を**「へそ道」**と名づけ、伝えることが、わが人生の喜びになるとは！

「へそ道」と名づける自分にも驚いています。もっとおしゃれな他の名前もあるだろうに……と頭では何度も思うのですが、やっぱりこの名前しかありません。

「へそ道」とは、ありのままの自分を受け入れた瞬間にお腹から感謝がわき起こり、さらに自分とつながってからは、自分の中にある答えを信頼することで、ミッションを生きられるようになった私の経験から生まれたものです。

そしてその生き方は、誰にでもできる生き方だとわかりましたので、それを自分なりの言葉で試行錯誤しながら、講演やワークショップなどをとおして、お伝えしています。

そのなかで、**「それは、へそがわいたんだよ」「それが、〝みたま〟ということだよ」**と教えてくださったのが、前出の「伊勢の父」中山靖雄先生でした。

「みたま」というのは、〝おてんとうさま〟と同じです。昔の人が大切にしていた「おてんとうさまが見ているよ」と同じく、私たちとつながっている大いなる存在のことをいいます。

その「みたま」のことを、中山先生から折々に触れて惜しみなく教えていただけたことが、「へそで生きる」ことを伝える確信になりましたし、私の人生を喜び深いものにしてくれました。

私の個人的な体験からお伝えしていることは、昔の人が日常をとおして実践してきた当たり前のことのなかに、「へそ道」を説明できることがあるということです。

今まで、そんな生き方を知らなかった私は、壁にぶつかりながら、ときには泣きながら、長い時間をかけて自己流で気づかせていただきましたが、もっと早く昔の人たちが大切に過ごしてきた生き方を身につけていれば、あんなに苦労はしなかっただろうと今では思っています。

知識はあっても実践できていなかったのです。

この章では、まずは日本人が昔から大切にしてきた古きよき生き方や、私が尊敬する方たちから教えていただいた、昔の物事のとらえ方をお伝えさせていただきます。

そのような古きよき時代の生き方をご紹介するだけで、私の伝えたい「へそ道」のほとんどをお伝えできるのではないかとさえ思っています。

昔の人の生き方を知ることで、私たちのなかに眠っているものが目覚めだし、その感覚を実感できると思うからです。


６歳で父を亡くして以来、祖父が私の父親代わりでした。祖父は大阪の和宗総本山四天王寺というお寺の僧侶で、私はいつも祖父やお寺を手伝う祖母のそばにいて、その祈りのなかで育った気がします。

幼い頃は、古臭いと思っていた当たり前の日常が、実はとても大切なもので、おてんとうさまがいつも一緒だったなぁと今は思えます。そのような体験が今の私の人生の基盤を作ってくれていたのだと思うと、今さらですが、ありがたさが込み上げてきます。

日本人は、何か特別な儀式や行事だけではなく、何気ない日常を神さまとともに生きてきました。例えば、伊勢神宮では、神職が朝早く山の麓《ふもと》で水を汲み、薪で火をおこしてご飯を炊き、朝夕とご先祖さまに食べていただくためのお供えをしています。

1500年以上も変わることなく、昔と同じ方法で毎日ご先祖さまに、最初にお食事を用意されているのです。

また、一般家庭でも、毎日いちばんにお仏壇に炊きたてのご飯やお茶をお供えする習慣がありました。おじいさんやおばあさんは「おてんとうさまが見ているよ」と、誰も見ていなくてもちゃんと見ているものがあることを日常のなかで子どもたちに伝え、豊かな心で生きていました。

わが家でも誰もいない空間に「まるでどなたかがおられるがごとく」声をかけたり、感謝を伝えることは日常のことでした。祖母は出掛ける前に、いつも誰もいない家に手を合わせ、「行ってまいります。よろしくお願いします」と声をかけて出掛けていました。

このように、日常のなかで、目に見えないものを感じながら生きてきたのが私たち日本人の生き方だったのです。

「たらいの法則」という真理があります。

これは、たらいの水は、水を向こうに押すと、やがてはぐるりと回って戻ってくるという法則です。つまり、自分の思いやおこないは見返りを求めず、ただ与えるだけでいいことを教えてくれています。いいことも悪いことも、巡り巡って自分のところに返ってくる真理を説いた法則なのです。

振り返ればこの実践だと思うのですが、祖父母は、縁のある人のこともない人のことも、二人はいつも祈っていました。

ある時、お寺で私たちの先祖と一緒に、知らない方の名を祈っているのを見かけました。「この人たちは誰？」と聞くと、今の家に引っ越してくる前に住んでおられたご家族だというのです。そのご家族は知り合いでもなんでもありませんが、それだけのご縁でそのご家族のことを思い、ご先祖さまを祈っていたのでした。

「袖《そで》振り合うも多生《たしょう》の縁」といいますが、そのことを何十年も、誰にも言わず続けていることにびっくりしました。

祖父母は、朝から晩まで何にでも、いつでも手を合わせていました。それは願いごとではなく、ただ「ありがたい」という感謝の祈りでした。まるで「たらいの法則」を実践するように、見えない世界を日常として生きていました。

日本の古文書である「ホツマツタヱ」には、次のようないくつかの言葉が記されています。私の大好きな言葉です。

「ながた」「ながさき」「みやび」


「な」はあなたのこと、「た」は多くの意味です。

「ながた」はあなたがたくさんどうぞ、多くどうぞという意味。

「ながさき」はあなたがお先にどうぞという意味です。

「みやび」とは、他人を思いやる気持ちのこと、なのだそうです。

これは天の姿でもあるのでしょう。「あなたが多く、どうぞお先にという謙虚な気持ちで喜んで生きているなら、私はその喜びの姿を見て、喜びが増します」ということです。

「なんて美しい言葉なんだろう」と私は感動しました。

人さまの幸せが、自分の幸せにもつながるという思いは、自己犠牲ではなく、喜びが中心にある生き方です。昔の人たちは、そこに喜びがないと永遠に栄えないことを知っていたのでしょう。


「今を喜べば妙が働く」（今をただ喜んで生きていれば、人の思いを超えた幸せが待っている）といわれ、ただ今を喜んで生きるだけで後のことは考えなくても、自分の想像を超えたことが起こるんだよ、ということでもあると思います。

もう一つ、私の好きな言葉があります。

あはれ、あな、おもしろ
あな、たのし
あな、さやけ
おけ

これは、「あぁおもしろいなぁ、あぁたのしいなぁ、あぁ美しく清々しいなぁ」……そのような意味なのですが、昔から伝えられてきたこの言葉には、おもしろがる、たのしむことの大切さが書かれていました。

これは物事を「良し悪し」で分けるのではなく、おもしろがって、たのしむ。つまりそのままを「味わう」という世界観です。

しかし、ただおもしろがる、たのしむだけなら、今の時代ほど娯楽がたくさんある時代はありません。そんな時代にいながら、心が満たされていないのは、「あな、さやけ」がないからかもしれません。「さやけ」とは、清々しくて明るいという意味があります。ですから、そこには清々しく明るい天の思いを感じることが大切なのだということです。

喜んで生きてほしい、というのが天の親からの願いなのだから、天が私たちに悪いことを起こすわけがない。喜んで生きることを教えるために、天はいろいろな現象を起こしているのだと、古の人はそう受け止めて生きてきたのでしょう。

「おてんとうさまが見ている」という言葉どおり、人の心の大事な部分を天の世界が担ってくれていたのですね。

見える世界と見えない世界で人生を織り上げていく

「おてんとうさまが見ているよ」という感覚がわかる私たちの、天来（天からこの世に来た）の魂について考えてみたいと思います。

「魂」という言葉を聞き慣れない方もいるかもしれませんが、体との関係も含めて、ここではお伝えしていきましょう。

昔、体は、**「頭」「両手」「両足」「胴体」**、そこに**「魂」**を足した五つで構成されていると考えられていました。だからでしょうか。死んで「魂」が抜けたものを**「四体」＝「死体」**と言ったそうです。つまり体は「魂」を入れる容器で、魂があってこその私たち人間だととらえていたのです。

そして、その中心になっている「魂」という言葉には大切な意味が含まれていました。

魂＝「たましい」という言葉は、**「たま」**と**「しい」**に分けられます。

「たま」とは、**「御霊＝みたま」**のことで、「みたま」とは、天であり、すべてのもとのこと。「みたま」を天そのものとして表現しますが、私たちの中にも、「みたま」と同じものがあり、それを**「分けみたま」**と言います。これら両方が「たま」なのです。

私たち一人ひとりの内にある「みたま」は、植物でいう**種**と同じことで、これが「種の教え」というものです。

それは、種の中には、根、幹、葉、花、実などの情報がすべて入っています。つまり、みたまには、その人自身の役割を生きるための情報すべてが入っているのです。ですから、

「たま」はもって生まれたとおり、自分がこの世に生まれてきた役割をただ果たそうとするものです。

そして、もう一つの「しい」とは、各自の心や感情のことを表しています。「うれしい」「かなしい」「欲しい」「惜しい」「悔しい」「楽しい」など感情を表す言葉には「〜しい」がついていますよね。

このように、私たちはこの天来の「たま」と、心や感情である「しい」の両方をもたされて生まれてきます。この二つで**「魂＝たましい」**というのです。

「たま」だけでは自覚はなく、「しい」を伴うことによって、この世に生まれてきた役割を果たそうとします。

ですから、肉体をもってこの世に生まれることで、「しい」である心と一緒に、この世での働きをすることができるのです。

心がなければ、天来のよきものを感じたり喜んだりすることはできません。

「たま」どおりに生きて「うれしい」と喜べること、「たま」どおり生きることができず「むなしい」と思うことも、どちらも人としては大切な感情です。

悲しいと感じることができるから喜ぶことのうれしさを知り、むなしいと感じるから楽しく正直に生きたいという思いを感じる――。

ですから、なぜ「たま」だけではなく、「しい」である心ももたされたかというと、人生を味わい深く喜びながら、**人は「たま」どおりに生きるために「しい」である心を使うため**です。

「みたま」どおり、「種」どおりに生きようと意識すると、その人のなかに眠っていた「種」のなかにあるものが、わき上がるようにして現れてきます。

私たちの命には「こう生きてもらいたい」という祈りが込められていて、いろいろな条件のなかで、その「種」どおりに育てていただいているのです。

このように、古の人々は天というものを中心において、自分の人生を生きていました。

人生を表すのに「理」と「法」というものがあります。

「理」とは天の理《ことわり》であり、「天」本来のもの、目に見えない世界のこと。

「法」とは、自分ならではの考えや心など目に見える世界です。

この「理」という天の縦糸を中心に、「法」という自分ならではの横糸で、自分というたった一つの大切な人生を織り上げていく。それを味わいながら生きていきたいものです。

度を超えて思いすぎると余分な心が「ほこり」となる

心である喜怒哀楽は、「もたされて生まれている」のですから、どんな心も感情もすべては大事な自分の一部です。さらに、心に感じるさまざまなことが、人生を豊かなものにしてくれます。

ですから、その心である「しい」を「みたま」と響き合わせ、実際の働きとなって喜びながら生きてほしい……それが天の親の思いということになるでしょう。

そのことがわかると、私たちの中にある「みたま」が、天来の役割を思い起こしてくれます。

ところが、私たちは、「はい！　わかりました」とはなかなかいかず、「みたま」どおり生きようとしても、「そんなことをしたら、変に思われる」とか「それは効率が悪い」とか「あっちのほうが得だ」「悪く言われたくない」「難しい」というように、ついつい余分な「しい」が働いてしまいます。

思いである「しい」を「みたま」どおり生きるために使うのではなく、いろいろ考えすぎたり、妙な作為が働いたりして、「みたま」どおり生きるのを止めてしまうのが人間の弱さなのかもしれません。

「しい」である心は、自分でもそうは思いたくないような考えや感情をもってしまいます。心も必要だとはいえ、自分の思いばかりが度を超えて強すぎると、どんどん役割どおり生きることが難しくなります。

「思いすぎる」というのは、もたされた領分を超え、自分の我の世界ですから、思いすぎは「業」となってしまいます。つまり**思いすぎは苦しみを伴う**ということです。

「思いすぎる」「恨みすぎる」「悩みすぎる」「欲しがりすぎる」など、度がすぎた余分な心のことを**「ほこり」**といいます。

だからこそ、日本人は、役割どおり生きられるようにと、その余計な「ほこり」を禊《みそぎ》などで水に流し清めていたのです。

自分自身の心にわき起こる思いを少しでもキレイにしたいなぁ、というのが禊の由来となりました。「みたま」どおり生きるために、禊で心を正すことを大切にして、その心がまた禊というものを美しく尊いものにしていたといいます。

禊の意味は、水を注ぐ、身を削ぐ、つまり、余分な身を削いでいくことです。

人さまのために祈るときも、昔の人は水をかぶってから祈りました。それは人さまのために、自分の身を削がせていただくという気持ちの表れであり、すなわちそれが禊だったのでしょう。

「みたま」を知り、「みたま」どおりに生きると、喜びの多い人生になります。

だからこそ、心である「しい」をよく理解して治め、「みたま」どおりに生きていくことを大切にしていました。

人がこの世での生涯を終えると、魂の「たま」だけが天に帰っていきます。そのときに「しい」である心や思いを地上に落としていくのだそうです。

この世での「役割」をまっとうし、こだわりなどの「しい」を捨てて天に帰っていく。これを「浮かばれる魂」といいます。

逆に、浮かばれない魂とは、「たま」が天国へ行こうとするのに、怨みや執着などが多すぎると、「しい」が引き止めて上がらせない状態のことをいいます。

ですから、思いやこだわりを余分にもつのではなく、パッと離して、早く天に帰してあげることが大切です。

このようにして浮かばれた「たま」は、次に生まれるときには、「しい」という心に包まれ、二つが一つとなって生まれてきます。

人間はいくらキレイに生きようとしても、「心」をもっている私たちは生きている限り、知らず知らずのうちに、ほこりを積んでしまうことを知っていたのですね。だからこそ、昔の人は、いろいろな思いにとらわれず、ほこりを積まないように喜んで陽気に生きるように心がけていました。

「ほこりを積まない、相手にも積ませない」

自分の余計な怒りや悲しみを持ちすぎず、また人さまにもそんな思いを持たせてしまうようなことをしない。そう思いながら生活するだけで、目に見えない世界の力が働いて、人さまのお役に立てることを知っていたのです。

「へそ」で感じて生きる「なんとなく」の世界

私たちはお母さんと、へその緒でつながっていました。

お母さんのお腹の中で心臓の音を聞きながら、おへそから栄養をいただき、体温や気配を感じつつ、十月十日を過ごしてきたのです。

また、胎児はその期間に、太古から今に至るまでの歴史をたどるともいわれています。妊娠初期にはヒレのようなものがあったり、顔が爬虫類っぽくなったりする時期があるのですが、だんだんと日を重ねながら魚→両生類→爬虫類→原始哺乳類……というプロセスを経て人間の姿になっていきます。

その経過をたどることが、まさに最初の大きな仕事なのかもしれません。

私たちは、その壮大な歴史を母胎の中ですべて体験しおおしたからこそ、ここに存在しています。

日本には「数え年」というのがあり、お腹の中にいるときから年齢を数えます。ですから赤ちゃんが生まれたときは0歳ではなく、数えで1歳と計算するのです。それは十月十日、見えない世界を経験し、それを身の内に持ったまま、この世に生まれてきたことをも大切にしている年齢の数え方なのだと思います。

こうして、私たちは母親とつながっていたおへそと切り離され、この世に誕生します。この「へそ」という蛇口は、切らなければ、ずっともとへとつながっています。「へそ」というものが、命の誕生の中心であり、ここがなかったらずっと続いてこられませんでした。お父さんやお母さん、おじいちゃんやおばあちゃんの代までならよくわかりますしイメージもしやすいでしょう。ところが、その先のことはほとんどわかりません。ただ、ずっと続いてきた命の結果、私は生まれてきたんだなぁ、ありがたいなぁ、となんとなく感じる、これが大事です。その「なんとなく」しかわからない行き着く先を感じる……これが見えない世界を大事に生きる第一歩となるでしょう。

そのことについて、「へそ」の言葉の由来からもお話ししたいと思います。

日本はもともと、かな文字文化で「あ」・「い」・「う」・「え」・「お」の五十音の一つひとつに意味がありました。それが日本で使われてきた「やまとことば」と言われるものです。

おへそのことを、なぜ「へそ」と言うのか……そこにもちゃんと意味がありました。

「へそ」の「へ」は、船の舳先《へさき》、へりでもあり先のこと、つまり先端のこと。

「へそ」の「そ」は、「もと」「祖」「素」であり、すべてのもとという意味。

「へそ」はすべてのもとから、今を生きている先の人のところまで、みんな美しくつながっているよ……そういう意味が込められているのです。このことが大事だということを日本人は昔から知っていたのでしょう。

宇宙の始まりがすべてのもとです。「へ」である先端を生きる私たちが、「そ」であるすべてのもととつながっていることを意識する、それが「へそ」です。

大切なのは、**「もとが大事であり、そのもとからつながった先に私は生かされているのだ、そういうことを今、私は気づいて生きているのだ」**……と自覚して生きているかどうかです。

「へそ」で生きるとは、その「なんとなく」のつながりの世界を感じ取り、美しいもとに帰ろうということにつながっていくのです。

天からの知恵が生きる「腹」にまつわる言葉

このように、おへそは自分とご先祖さまとの結びつきを思い出させてくれるものであり、代々をさかのぼっていくことで、天にも通じていることを想像するきっかけのものでもあります。今を生きている私たちは一代限りの存在ではないのです。

このことは、自分から「へそ」で子孫をつないでいくことが大切だという、目に見える世界のことではありません。たとえ自分の代で途絶えたとしても、「今」を生きる自分の生き方こそが、血のつながりを超えた有縁無縁の未来の人たちに影響し、つながっていくということです。

昔、武士がお腹を切って命を絶つことを「切腹」と言いました。

切腹とは、日本独特のもので、自分や臣下の責任をとり、自らの身をもって家の尊厳を保とうとする行為です。それは、自分が起こした不祥事を代々の因縁ととらえ、自分の代でその因縁の連鎖を絶ち切るために腹（へそ）を掻《か》っ切ったのでしょう。

つまり、自分のことだけではなく、自分の中にある代々受け継がれているもの、先祖から流れるものがあることを感じながら生きてきたことの表れでした。

さらに、腹には真の心があるとされていて、「自分の中にうそ偽りはありません」と自分の腹を割って見せるという気持ちの表れでもあったそうです。

切腹で命を絶つことがよいとは思いませんが、当時の人たちが「へそ」や腹を大事に生きていたことがうかがわれます。

その他にも「腹を割って話す」「腹の底から言う」「腹が見えない」「腹黒い」など、日本語には「腹」にまつわる言葉がたくさんあります。

このように日本人は、頭で考えた人間の知恵以上に、腹（へそ）につながっている天からの知恵を基準に生きてきたのです。

「誰も見ていなくても、おてんとうさまが見ているよ」という言葉の中にも、「おてんとうさま」が自分の体、つまり腹（へそ）に存在していることを前提に使われていたことがわかります。

ですから、昔から日本人は、自分の体のうちにあるおてんとうさまを意識しつつ、天の思いのとおりにそれぞれの役割をまっとうしようと生きていたのです。

両親へ感謝することで天の蛇口は開く

今を生かされている私たちは、まず第一に、ご自分の両親であるお父さん、お母さんとつながっているということを自覚することが大切です。

「親孝行は道の始まり」であり、自分の親に感謝できたとき、**「天の蛇口」**が開きます。「天の蛇口」とは、天から直接、力や知恵や情報がいただける蛇口のこと。もちろん、たとえられた表現ですが、八百万《やおよろず》の神々の存在を感じて生きてきた日本人だからこそ、「なんとなく」感じることができる美しい表現だと思います。

いちばん身近な先祖が両親です。ですからこの両親に感謝できてこそ、はじめて「へそ」でつながった、すべてのもとからの恩恵が流れ込んでくるというわけです。

ついつい、どんな親だからいいとか、こんな親だからよくないと思ってしまいがちですが、そのときそこにいてくださったからこそ自分は存在する――この当たり前のことに感謝できて、初めてその先のご先祖さまとつながることができるのです。

その縁の入口でもある両親への感謝が大切なのですが、ここで意識していただきたいことがあります。それは「お父さん」の存在です。へそをたどるとき、へその緒で直接つながるお母さんだけが注目されてしまいがちですが、私たちが生まれるには必ずお父さんの存在が必要です。

そのお父さんを無条件にいただくことがとても大切なのです。これが縦の筋目をとおすことでもあり、ここができていないと天の筋目は整いません。

父親という存在がどのようなものなのかを感じ取ってください。

父も天と同じく「種の教え」なのです。種の中には、根、幹、葉、花、実など、次へとつながっていく命の情報がすべて入っています。

しかし種は、芽が出て成長していく過程で、姿を失ってしまいます。つまり父親という存在も、まるで種のごとく、見えないけれどとても大切なものをすべてくださり、姿はなくとも祈ってくれている――父親には父親の役割があるということです。

「見えないけれどあるんだよ」、それが天や父の種の教えなのです。

「なんとなくの思い」をわくにまかせてみる

「なんとなく感じる」「なんとなくありがたいと思う」この感覚を大切にしてください。「目に見えない世界」を大切にすると、「なんとなくありがたい」という思いを感じられるようになります。

ですから、みたまのことは、昔から**「わかった分だけ、わからせる」**と言われ、それぞれの人が、「わかった分だけ」しかわからない世界なのです。それは、頭でわかったのでは役に立たない。腹でわかってこそ「わかった分」になるということです。

中山靖雄先生は、全国で講演をされていたとき、みたまを仕込んでくださった師匠からこう言われたそうです。

「わかった分だけ、物申せ。日本国中、飛び回って話したら、それが世直しじゃないか。香りがまわりを浄化するんですよ」

なぜなら、みたまの話をするとみたまが行列をなす、と言われるくらい、人のみたまはみたまの話を聞いて、みたまの存在を思い出してほしいと願っているというのです。ですから、頭では理解するのが難しくても、自分がわかった分だけ「みたま」の話をすることで、聞く側もわかった分だけ思い出す、ということなのです。

つまり、みたまの世界のことは、語っているものがわかった分しか伝わらない。しかし、それがどんなに小さなことでも、わかった分だけは伝えなさいということです。ですから、みたまを磨いて生きるということは、自分も喜べて、人のお役にも立てることにもつながります。

そして実際にみたまを磨くうえで大切なのが**「下座《げざ》」**です。「下座」とは自分を卑下《ひげ》することではありません。本来、自分の置かれている立場より、気持ちの中で自らが、「下座」に降りて身を低くおくことです。

どんなものも上から下に流れるように、天の思いも下へ下へと流れます。人は、ついつい頭が働いてしまい、心も動いてしまうので、天の思いが受け取りにくくなります。自分の余計な思いを見せてくれたり、鎮めたりしてくれるのが下座の心なのです。

ですから「みたま」で生きるために、自分をキレイにするために、天の知恵をいただくには、「下座」が大切だと言われてきました。

そして、みたまどおり生きるコツは**「頭からっぽ、心なし」**です。頭で考えることを減らし、心で思うことを減らし、その瞬間にわき起こるもので生きていくとき、調和が生まれます。それが、**「そのとき、その場、その名のとおりの人になる」**ということです。その瞬間に、その場所で、ありのままの自分であること、その教えです。

ふっと思うことを大事にすることで、天の流れに沿いやすくなります。天が私たちに、ふっと思うことで教えてくれていることがたくさんあっても、あれこれ頭で考えてしまうとき、直感のほうではなく無理やり我力で事柄をつかもうとしてしまいます。

頭を使ってしまうと、いい答えを出そうとして、自分流に解釈してしまうからです。

ですので、みたまどおりに生きるためには、つかんだものを手離していくということが大事です。つかんだものは「自分がこうだ」と決めつけているこだわりのようなもの。つかんだままだと、自分の思いをはるかに超えた巡り巡る縁もつかめません。

すべては天が教えてくれる――心から喜んで生きていれば、天来のものに出会えるという教えです。このように、みたまで生きていると、人との出会いとは、人智を超えた相手のみたまとの出会いなのだということを感じ取れるようになります。

人はみな、みたまをもっていて、みたまには前世からの情報が全部書いてあるそうですから、人と人が出会うということは、出会うなりの理由があると考えられています。

ですから、仮にその出会いによって気持ちのよくない感情が浮かんできたとしても、前世からのご縁も含め、この出会いでこれまでのつながりをキレイにさせてもらえるご縁を見せていただいていると考えれば理解できるようになります。

みたま同士での出会いが意識できると、「自分の中にもあるものを見せてくださっているんだなぁ」という思いで相手のお話が聞けますし、また、出てくる言葉も解決策も、その方のことを思い、その方のみたまやご先祖さまにお伝えさせていただこうという言葉や気持ちにもつながります。

また、大変な渦中で心の中に言葉が入る余地がないような状況におられる方の場合には、ただ静かに祈らせていただくことです。

「誰々さんのご先祖さま、どうぞよろしくお願いします」

その方が「ああ、こうだったか」とハッと思われるときがきたならば、それは自分の祈りが通じていたという表れでもあるので、何もできないと思うときほど祈りは大切です。

へその先を生きる私たちは、今、ここに至るまでにつながっている多くのご先祖さまの命の延長に存在しています。その流れのなかに問題があって、今に問題があるわけではないかもしれません。

また、私たちは前世において、よいことも悪いことも、いろいろなことをしてきているはずです。ですから、過去のすべてに「ごめんなさい。許してください」と祈ることです。

そのようにお詫びをしているうちに、いつのまにか「ああ、なんでこんなことで悩んでいたんだろうな」とふっと思えるときがくるでしょう。

お詫びとお礼ですべてを受け入れる

「**お詫び**」という言葉を聞いて、「おや?」と思う方もおられるかもしれません。

「お詫びって、いったい誰に対するお詫びなんだろう」と。

お詫びというのは、つまり天をいちばんにおき、天とのつながりを大切に生きていた先人の知恵ともいえます。喜怒哀楽はもたされて生まれてきますから、素直に感じていいのですが、起きたこと、考えたこと、そのどちらにも（とくにネガティブな状態においてはなおさらのこと）自分の思い違いを知らせようとする天の働きととらえ、自分のすぎた思いや気づきに「ごめんなさい」とお詫びをするのです。

「こんな思いを感じました。ごめんなさい」

「こういう出来事に出会わせていただきました。ありがとうございます」

もっというなら**「お詫び」と「お礼」**、この二つの気持ちを天に向かって示すということになるでしょうか。

「今ここに　起こりしことは　総《すべ》てみな　御親《みおや》の愛の　仕込みなりけり」

これは中山靖雄先生が読まれた詠《うた》です。御親とは、天であり、みたまのことです。

どんなことも、自分がみたまどおり生きるために起こっているのですから、そのことで気づいた自分の思い違いに「ごめんなさい」とお詫びをし、そのことに気づかせていただけたことに「ありがとうございます」とお礼を言います。

それには前世のことも含みます。前世といっしょに、生まれてからこれまでの今生の思いや行動にお詫びやお礼をするのです。

例えば、ここに一人の警察官がおられたとしましょう。

命の理（ことわり）がわかっていた昔の方には情があったといいます。

もしも警官が泥棒を捕まえたとしても、どこかの前世で私も泥棒のようなことをして、人さまに迷惑をかけたことがあったかもしれない。だからこそ、今生は泥棒を捕まえるというお役をさせていただいているんだなぁ。警官はそう考えました。

そんな気持ちをもてるからこそ、泥棒にもおもんばかる言葉がかけられます。

「どうぞこのことをきっかけに、あなたも改心して立派な人生を歩んでくださいね」

そのような思いで、この世を生きている警官には、慈愛や情や温もりがあります。

しかし今生、生きているのが一代限りだと考えてしまうと、物事を自分の側からだけとらえ、ただ泥棒を責め裁くだけになるかもしれません。

「へそ道」的にとらえれば、どんな出会いも、前世のことも含め、何かのご縁で出会わされている。出会いをとおして最善に向かうための自分の「ほこり」に気づき、みたまを磨く縁ととらえることで、新たな「ほこり」を積むことがないのです。

私たちは目に見える形や現象によって自分の「ほこり」に気づけることがあります。

へそ道でのお詫びは、**「お詫び」といっても懺悔のような気持ちや、後悔の念でさいなまれるような気持ちのことではなく、**気づかせていただいたときにふと感じさせられる

「自分の中にもありました」という素直な思いを自分のみたまに伝えるだけでいいのです。

これは、同じ思いや体験が自分の中にもあると「認める」ことであり、自分の中の本質であるみたまに相反する思いと「和解」できる機会であり、プロセスでもあります。

前世や今生のことが、今の自分とつながっていることなのだとわかってくると、どんな出来事に遭遇しても受け入れる気持ちがわいてきます。起きていることの仕組みがわかると「あれが悪い、これが悪い」と目に見える世界だけを見て、ものが言えなくなるのです。

ですから、どんなことが起きても、どんな感情であっても、それが自分の内にあることとつながっていると自覚して、「ごめんなさい」とお詫びをしたり、「ありがとうございます」とお礼を言うのです。それがどんな思いであったとしても、そのように素直に心から詫びる子を、天の親は許すのだそうです。

「詫びて花咲き、お礼で実《みの》る」という言葉があります。

「詫びて花咲き」は、お詫びをして、ほっとしたり、うれしい気持ちになったりすることを意味しています。

そして「お礼で実る」とは、天に受け取ってもらい、よしとしていただき、「ありがとうございます」とお礼を言うことなのです。

そのような真意がわかると、出来事や思いが切り取られたかのようにキレイになっていきます。そうして、みたまどおり生きやすくなっていくのです。

天は私たちに、小さな出来事から教えてくれます。

いつもそのように物事をとらえることで、自らお詫びやお礼が自然にわき、出来事の結末も穏やかになれば、展開もどんどん変化していくでしょう。

ですから毎日毎日、知っていても知らなくても「前世と今生のことを、お詫びとお礼をいたします」と思うことが大切なのです。

「思いの切り替え」でもとの姿に近づいていく

「思いの切り替え」とは、自分に起こるすべてのことは、自分がみたまどおり生きるための天の仕込みなのだととらえていくことです。

私たちは、ややもすれば自分の知識やわずかな限りある経験、考え、感情で、苦しんだり、怒ったり、物事の良し悪しを判断してしまいがちです。

そうではなくて、喜んで生きるようにと思いを切り替えていくことで、「天意」（天の意志）に近づいていくことができると考えられています。

天は、すべてのものの存在を否定などせず、ありのまま、あるがまますべてを認めています。ですから、「天意」とは、すべてを良し悪しで判断せず、ありのままのすべてを喜んで生きることをいいます。喜んで生きているのが「みたま」本来の姿なので、もとの姿に近づきなさいということなのですね。

天意に沿うには**「無理して喜べ」**とも言われています。そうでもしないと人間はどんどん天から離れ、自分の思いを優先し、苦しんでしまうからです。

私たちの親でもある「天」は、本当はそのような仕組みを直接、私たちに教えたいのだと思います。しかし、「天に口なし」ですので、ふと思わされたり、出来事や人の口をとおしてわからせてくれます。

ですから、受け取る私たちが、すべては「天の仕込み」なのだと思い、学び取ろうとしなければ、なかなか本当の意味はつかみにくいものです。

しかし、そのように感じることができたら、人生で起こるさまざまな出来事を「**このまま喜んでさせていただきます**」という謙虚な気持ちで受け止めることができて、穏やかに過ごせます。いいご縁がどんどんわいてくることにもつながるでしょう。

生きている限り、いろいろなことは起きますが、それが天の起こされたことなのだと思えれば、とらえ方は変わっていくはずです。

このように天を知り、普段からどう生きているかによって、何か困った状況のときこそ自分のとらえ方ひとつで喜びにあふれた状況に変えていけるのです。

今の大切さを知るために「魂」は毎朝生まれ変わる

ここでは、「お詫び」と「お礼」の本当のすごさを日常生活においても、味わって生きるために、私が毎日大切にしていることをお伝えします。

自分の「魂」の在り方や中心をしっかり感じるための日課です。

「魂」は、夜になると天に帰り、毎朝キレイになって私のもとへと帰ってくる。

私は毎朝、今この瞬間に生まれて新しい命を迎える……そう感じることで、毎日を新しいみたまで生き始めるような、新たな気持ちで一日を過ごすようにしています。

魂は、毎日毎夜亡くなって、早朝ふたたび復活する。だからこそ、なるべくキレイな状態で天に帰っていただくためにも、夜休むときに「しい」である自分の思いや出来事を「お詫び」と「お礼」によってキレイにしておくのです。

「今日はこんなことがありました。ありがとうございます」

「今日は、こんな思いをもってしまいました。ごめんなさい」

自分の中の思いすぎている「ほこり」や「しい」の心をしっかり自覚して、「みたま」に伝えていきます。そうすると、毎日のほこりは、その日のうちにキレイになっていきます。

慣れてくるとそれが自分でわかります。ふわっと消えていくのです。そのようにして毎日を過ごしていると、前世のほこりまでもがキレイになっていくのがわかります。そのおかげで、日々、より「みたま」どおり生きやすくなっていくことにもつながっているように感じています。

ただし、気をつけていただきたいのは、「お詫び」をして落ち込んでしまうような場合です。お詫びをするのは、みたまどおり生きるためであり、そのことで一歩みたまに近づけるので、本来なら喜びを伴うものなのです。もし、お詫びがしんどい場合は、自分を責めているので、お詫びをやめて、みたまのほうに目を向けてください。

無意識の世界である夜の間に心をキレイにしておけば、朝ごとに新しい命が誕生するという感覚。人は毎日死んで毎日生まれるという感覚……突き詰めていくと、だからこそ「今がすべて」という考え方につながっていきます。毎朝毎朝、生まれ変わっていく「魂」だからこそ、**「今この瞬間こそがすべて」**であるという大切な教えです。

私の大好きな沖縄には、素晴らしい言葉が今でもたくさん残っています。特に次のような表現には思わずうなずいてしまいます。

「ちゅうや　ちゅうの　ふぁんし」（今日は、今日の責任）

私たちは毎日毎朝、生まれ変わってこの世にやってきているからこそ、今日は今日の責任として精いっぱいやりなさい、精いっぱい生きなさい。今この瞬間の大切さをそのような言葉で伝えてきました。
そして、沖縄では「魂」のことを「まぶや」と言い、日常的に使ってきました。たとえば、小さな子どもが公園で転んだりすると、横にいるオバァが唱えるように言うのです。「まぶやー、まぶやー、うーてぃくーよー」(まぶや、まぶや、戻っておいで)
魂が大事だと知っているだけではなく、肉体は魂の入れ物で、その「魂」はこの肉体を離れやすい存在であると沖縄の人たちは昔からわかっていたのかもしれません。

また、日本には「今」を大切にする考え方が昔からありました。それは「武士道」においても生きていて、昔の日本では「中今」と言われてきました。

永遠の時間の流れのうちに中心点として存在する今。単なる時間的な現在ではなく、神の代を継承している今。そのような今の今の今を「中今」というのです。

これがあって、これがあって、これがあって、これがあって、今がある。つながりを感じきった先にある「今」。だからこそ、その立場になったとき、その立場の己《おのれ》になりきって喜んで生きる。今しかない、ここしかない、これが「武士道」です。

過去は過去としていろいろあったかもしれません。それを知ったうえで、今を一生懸命に、肉体を使わせていただくこと。

「生かしていただいてありがとうございます」

そんな生き方を一日一日、積み重ねていくと、なんとなく今、大切なことが、ふとわかるようになります。「へそ」が働くようになるのです。

このありがたい自然の働きを「神秘」ととらえ、怪しんだり、証明や説明をほしがる方もいるかもしれません。しかし、「神秘は詮索せず」という言葉があるように、その直感や虫の知らせを「不思議だな」「うれしいな」と感じて、ただ「ありがとうございます」と受け取ることが大切なのです。

なぜならそれは、考えるのではなく感じるものだからです。ここがとても大事なところです。不思議なことや前世のことなど、ついあれこれと詮索してしまうと、すぐに頭がいっぱいになってしまって、そんなときは神秘は働きません。神秘を感じるすきを自分で与えなくしてしまうのです。

先祖とのつながりのなかで、これがあって、これがあって、これがあっての今ならば、今のこの状態は必然で、その今を、喜んで生きるしかないと私は思っています。

今起きていることが自分の内にあることの現れだとは受け入れられなくて、相手を責めたり、人のせいにしているときには、「本来の自分」というものからは目をそむけているのです。つまり「今」から隠れてしまっている。「今」にいないわけです。

しかし、そうやって相手を責め裁くのではなく、今を喜んで生きることの大切さを自覚することで、私たちの国は「中今」の世界観の中で、「許し、いたわる心」を実践してきました。それこそが日本の誇れる国柄ではないでしょうか。できるならば、今でも受け継いでいきたいものの考え方だと思います。

出会った出来事から自分自身を見直す知恵

人生にはさまざまなことが起こります。特に人間関係においては、いいこともそうでないことも日常茶飯に起こり、その都度、私たちは一喜一憂してしまうものです。

この人間関係も、「なんとなく」の感覚で見ていくとわかることがありますので、私なりに思うことを書き進めていきましょう。

何かの事柄に出会ったとき（特に嫌だと感じる出来事）、ついつい私たちは目の前にいる相手を一方的に責めてしまうことがあります。しかし、そう考えるのではなくて、

「これは、私の中にあるものを自覚させてくれているのかもしれない」

と受け止めて思い直してみること。起きることすべて、自分の中にあることが投影されていると考えるわけです。

これが、日本人の**「居《い》合《あ》わす」**という考え方の基本にあります。

人さまの在り方をとおして、自分の中にあるものを受け止めていくということ。原因探しではなく、私たちが今、なぜこういう事柄に出会っているのかということを知り、そちらへ目を向けていく考え方。出来事をとおして気づくことができて、自分自身を磨き、〝いいふう〟に変え、陽気に生きようとする姿です。

「出会いをとおして自分と出会う」

いろいろなことを、それぞれの役の人が代表となって自分に見せてくれているのですから、聞くも因縁、見るも因縁です。

では、実際にはどうするのかというと、何か出来事や、その人をとおして見えてきた事柄が自分の中にあるかもしれないと省て、お詫びや自覚をしていくのです。

「ごめんなさい。私にも同じ一面がありました。お詫びいたします」

出来事の深さによっては、今生だけではなく、前世のことも含めて目に触れること、聞くこと、すべて自分に関係のあることだと思うならば、

「見せてもらったことは、私のこの身にも原因があったかもしれない。私の中にもそんなものがあったかもしれません。ごめんなさい。許してください」

と心からお詫びすることができます。

「尽くし、果たし」という言葉があります。

「尽くし」とは、誰かのために尽くすこと、また尽くすことで、これまでのことを清算することでもあります。

「果たし」とは、前世やご先祖さまのことも含めて、自分の業を清算し、みたまをきれいにしていくことで、人さまに貢献することを意味しています。

昔は、誰でも公《おおやけ》のために自分の人生をなげうってでも貢献しようとしたものです。

公とは国のためであり、国のためというのは、日本ならではの「みたまのため」ということです。昔の人々は、みたまで生きることを言葉にして語らずとも、それが基準だったのだと思います。

目に見えない世界を自分の中に見ながら生きている人の「お詫び」や「お礼」は、苦しみや罪の意識をもって、おこなっているのではなく、おてんとうさまとともに生きているという喜びがあってこそできるものです。

「詫びて花咲き、お礼で実る」

先にも述べたように、お詫びとともに、みんなが喜んで生きるために居合わせてもらったこと、気づかせてくださったことへのお礼を天にお伝えすることが大切なのです。

人生の苦しみの連鎖を「許す心」で変えていく

どんなご縁であっても、「自分のためにその出来事に出会わせてもらっているのだなぁ」「こういうご縁だったんだなあ」と心から思えたときに、自分自身の深いところが解放されます。

この感覚は言葉にするのが難しいのですが、起きることすべてに深い意味があり、自分の中にあるものが現実の世界に投影されていることを、頭ではなく心で（もっというなら「魂」で）感じることから見えてくる世界でもあります。

自分の中に一代限りではないものが脈々と流れていて、目の前で起きた出来事は、その中のどこかでのご縁につながるものなのかもしれない……そう考えることで、人の心の中に**「ぬくもり」**が生まれます。

あるとき中山靖雄先生が、次のような出来事から**「許す心」**について話してくださいました。

「許すことの大事さは誰でも知っています。しかし、それには深さがあるのです。**許すこと、許しきること、許しおおすこと**、それがわかりますか？」

それは、伊勢にみたまの勉強をされに来ていた、あるご夫婦のお話でした。

今から30年ほど前、そのご夫婦が家族で伊勢にお参りに来られたときのことです。

当時5歳のお子さんが目の前で交通事故に遭い、亡くなられてしまいました。最愛のわが子を失くしたご両親の心痛は、二児の母である私にも想像を絶する体験だっただろうと胸が張り裂ける思いがしました。

ところが、そのときご夫婦が取られた行動を中山先生から聞いて、私は驚いてしまいました。なんとご夫婦は、加害者が事情聴取をされていると聞き、夫婦揃ってその加害者に会いに行かれたそうなのです。

そして、何をされたかというと加害者に向かって土下座をし、お詫びをされたというのです。

「こういう縁に遭わせてしまってごめんなさい。どうぞあなたは安心して、このことを忘れ、これから世のため人のために生きてください」

私は言葉を失いました。もし自分が逆の立場だとしたら、そのようなことが言えただろうか。そんな自問自答のなか、私には絶対に言えないと思いました。

前世で自分も人さまを傷つけていたかもしれない。何かご縁のあった方かもしれない。本当は自分も加害者のほうの立場になっていたかもしれない。そんなふうに命のことわりを理解され、生きておられたご夫婦だからこそ、できたことだと思います。

それからたくさんの歳月が流れ、そのご夫婦が中山先生のところを訪れて、「よい30年のお参りになりました」とお墓参りをされたときのお話をしてくださったそうです。

それは次のような内容でした。

ご夫婦がお墓参りに行くと、そのお墓に覆いかぶさるようにして、祈っている人がおられたそうです。その人は、あの事故の加害者でした。

加害者のほうも、ご夫婦がいらしたことに大変驚かれたそうです。

「ここで会えるとは思いませんでした。あの後、一度たりとも事故を起こしたことを忘れていません。私が悪かったのです。本当にごめんなさい。ご主人と奥さまの愛に包まれて、俺は、あれから自分の人生にどんなことが起ころうとも、人を許さなければいけないんだと思って生きてきました。そして、娘さんを神さまみたいに思いながら、毎日お詫びをして生きてきました。お目にかかれてうれしかったです。ありがとうございます」

そう言って加害者は大声をあげて泣かれたそうです。


こんなことはなかなかできることではありません。

こう思おうと思ってできることではありませんし、そう思わなければいけないものでもありません。

中山先生はおっしゃいました。

「このご夫婦のように、日常の中で天を中心に置いて生きておられたからこそ、こういうことに出会ったときに、前世からの出会いであったのかもしれないという思いがわかされたのでしょう」と。

ご夫婦は、加害者を許されただけではなく、

「憤りと悲しみに沈む機会を与えてくださったことに感謝します」

そのように天に祈りながら日々を過ごしてこられたそうです。

最愛の子どもを亡くすという、言葉にできない体験を味わいながら、長い間、争いの気持ちや、恨みつらみを抱えて日々を過ごす人生もあったかもしれません。

しかし、「あなたに大変、迷惑をかけて申し訳ない」という言葉を加害者にかけることができたことで、まさに責め裁くことから、許し、いたわる人生に変えられたのです。

苦しみが伴う人生が慈愛に満ちたものになったのは、そのご夫婦と加害者の間だけのことではなくて、ご夫婦につながる周囲のすべての方々の人生にもつながっていくのだと思いました。

人生の苦しみの連鎖を「許す心」で変えられたのです。

おてんとうさまと歩く古くて新しい生き方

「古くして古いものは滅び、新しくして新しいものも滅びる。古くして新しいもののみ永遠に不滅。古くて新しいものは断じて滅びず、栄える」

昔から伝わる言葉です。

「古くて新しいもの」とは、たとえば「太陽」がそうでしょう。

太陽は太古の昔から存在しますが、今もなお毎朝、太陽が昇るときに人々は、新たな気持ちでありがたく太陽を拝みます。おそらく世界中、宗教や人種の違いはあっても、同じ気持ちになる人は多いと思います。毎朝が新鮮でうれしい思いがわき上がってきます。

魂もそうだと思うのです。

この章の中でも書きましたが、昔から受け継がれてきた古い魂が、毎日毎夜天でキレイになって、毎朝私たちのもとへ新しくなって戻ってきます。

「古くて新しいもの」

この感覚や感性は次章から詳しくお伝えしていく「へそ道」の神髄の一つともいえ、「なんとなく」の世界を感じるための一歩のような気がします。

「おてんとうさまが見ているよ」

古くから日本人が大切にしてきた感覚、習慣といってもいいかもしれません。目には見えないけれど、連綿と続いてきた大切な命のつながりを生き方の指針としてきました。

「おてんとうさま」という日本ならではの感覚を、概念で説明するのは難しいことです。ですから、天を中心にした生き方を、食にまつわること、礼儀作法にまつわること、日々の暦にまつわることなど、日々のあらゆる場面をとおして、私たちが身につけられるようにと伝えてきたのでしょう。知るのではなく、日々の生活で身についた民族なのです。

当たり前のように天や魂を中心に生きてきたのが私たちですが、魂やみたまという話が封じられた時代もあったようです。それほどにみたまで生きることは、人を力強く賢くすることだったのでしょう。

だからこそ、今一度「魂」というものの存在を感じ、それを磨きながら、忘れている感覚を思い出して、喜んで生きる時代がやってきたと私は感じています。

これからの時代をしっかり生きていくためには、ふたたび「天」を感じる生き方が必要なのではないでしょうか。

私たちを育てよう、私たちに思い出させようと、天はいろいろなことを起こしてくださっているのが、今という時代だと思うのです。

こちらが本気になった分だけ、天も本気になってわからせようとしてくれます。

その思いを自分の意志で受け取ると決めること。「みたま」を本体として、「へそ」の先を生きている自覚をもつこと。そうした古きよき時代の生き方を、それぞれの人生において、思い起こして生きていくことができれば、喜び豊かな人生になるのだと私は思っています。

第3章　「へそ」で生きる

自分の本質で生きるとは
生みの親と大いなる親という
二つがあることを感じながら
もとつながっている自分を
あるがままに生きるということ

手を合わせて祈る その先を感じること

前章までで、私自身の体験やみたまを中心に生きてきた先人たちの生き方をとおして、「へそ道」の中心にある大きな流れや世界観を感じていただけたかと思います。この章から、昔ながらの感覚を今の時代に照らし合わせながら、**「自分の本質」で生きること＝「へそ道」**についていて、できるだけ具体的にお伝えしていきたいと思います。

「へそ」で生きるとは、天来の自分とつながって生きることであり、「おてんとうさまが見ているよ」という実感を生きることとです。

大事なのは、**今の自分の人生に活かしながら生きること**です。ただ知るのではなく、日常の中で、実際にその感覚を磨いていくことで、このままで大丈夫なんだ！　という喜びの感覚が自分からわき上がってきます。どんなときも、今を喜んで生きることができるのが**「へそで生きる」**ことなのです。まずは、その見えない世界を生きると決めるところから始まります。

私たちは、何か目に見えない世界や、自分の知らない未知なるものに出会ったとき、疑いの気持ちがわいたり、何かの宗教なのだろうかと心配したりすることがよくあります。

しかし、日本人が大切にしてきた**「おてんとうさまが見ている」**という感覚は、信仰をもっている、もっていないに関わらず、もともと私たち日本人が知っていた感覚だと思うのです。ですから、何かを新しく覚えたり、信じるのではなく、今を生きるための知恵として思い出し、それをわき起こして生きようとするのが「へそ道」の目指すところです。

私たちは何か困ったことや、願いごとがあれば、無意識に手を合わせます。

大事な人が病気になったり、悩んでいたり、または、うれしいことがあったり、喜びごとに遭遇したりするとき、私たちはとっさに手を合わせます。それは、私たちが無意識に、思いを受け取ってくれる先があることを知っているからではないでしょうか。

受け取る先は、自分かもしれませんし、何か外側に感じているもの、ご先祖さまや父や母、きょうだい、愛する人かもしれません。

「スピリット」「大いなる自己」「ハイヤー・セルフ」「神」「天」「サムシング・グレート」と、いろいろな呼び方があると思いますが、その呼び名はどうであれ、祈る先があって、それをどう感じて生きているかということが、自分の人生に大きく影響していきます。

思わず手を合わせる先、自分だけが知っている先があれば、それでいいのです。

その先をじっと感じてみる。

何かを信じる必要も強制することも決まりごともありません。

感じる先が自分にあるかないかが大事なのです。

意識のあるものとして自分が接したものは、意識のあるものとして返ってきます。

つまり自分にとって、それがどのような意味をもっているのかということを自分自身が感じ取り、日々の中で、その感覚を本物に育てていくことが大切なのです。

もとを意識することが「へそ道」の中心である

へそで生きることのいちばんの基礎は、これから書くこのことにつきます。

どうぞイマジネーションを働かせてみてください。

静かな場所で心を落ち着かせながら読んでいただくといいかもしれません。
あなたが今、ここに存在していて、そのすべてのもとに帰る旅のようなお話です。

私たちには、おへそがあります。
この地球上、すべての人に、おへそがあります。
私たちのおへそは、お母さんと、
へその緒でつながっていました。
あなたのおへそが、
お母さんにつながっていたことを
想像してください。思い出してください。
あなたは、そのへその緒から、
栄養や愛情、ご先祖さまの思い、
すべてのもとから流れてくるすべてを
自分の中にいただき、
肉体を育み、人としてここに生まれてきました。

では、自分のおへそをお母さんとつなげたまま、
お母さんのおへそを、おばあちゃんに、
おばあちゃんのおへそを、ひいおばあちゃんに、
ひいおばあちゃんのおへそを、ひいひいおばあちゃんに、
ひいひいおばあちゃんのおへそを、ひいひいひいおばあちゃんに……
一人ひとりずっとへその緒でたどってみてください。
さらに、その先を一人ひとりとつなげていき、
ずっとずっと先までイメージしてみてください。
その先の先の先はどこにつながっているでしょうか？
肉体というリアルなへその緒で延々とつながったその先は、
どこに行き着くのでしょうか？
その「なんとなく」でしかわからない、
行き着く先を一人ひとりたどり
感じてみてください。
その先の、すべてのもとである一点を感じてみてください。

本当に感じてみてください。
そしてその一点を感じたら
そこに近づいて中に入ってみてください。
体全体でそのすべてのもとの感覚を味わってください。
味わってください。
その感覚のまま、今度は、そのすべてのもとが、
へその緒をとおして自分の中に流れ込んでいるのを感じてください。
すべてのもとの感覚を外側に感じながら同時に、
自分のへその中にも同じものがあることを感じてください。
そのすべてのもとからつながった私であることを、
今ここで感じてみてください。

このプロセスを瞑想でもするようにしながら毎日、感じてみることで、「へそ」とのつながりが深まっていきます。すべてのもとと自分を同時に感じ、その連動した世界にしっかりと目を向けたとき、私たちの人生は大きく変わっていくでしょう。

fumiko

もう一度、「へそ」の言葉の由来について、お話ししたいと思います。

「へそ」の**「へ」**は、船の舳先《へさき》、へりでもあり先のこと。先端のことです。つまり先を生きている私たちのことでもあります。

そして、「へそ」の**「そ」**は、「もと」「祖」「素」であり、すべてのもとという意味です。すべてのもとと、そこからつながった先を生きる自分とを結ぶので「へ」「そ」なのです。「へ」である私たちのなかに、「そ」であるすべてのもとと同じものが流れ込み、自分の中にいただいているということです。

すべてのもと「そ」のことを「みたま」とも表現しますが、私たちの中にも「みたま」と同じものをいただいています。

「天の分かれ」ともいわれ、天のみたまを分けていただいているので**「分けみたま」**とも呼ばれています。「そ」である、すべてのもとの「みたま」と同じものが、「へ」である自分の中に、「分けみたま」としてある――すべてのもと、天と同じものが自分の中にもあるということです。

ここでは、すべてのもとのことや「へそ」のことを「みたま」「おてんとうさま」と呼びますが、「神さま」「サムシング・グレート」「ハイヤー・セルフ」など、ご自分がしっくりくる言葉に置き換えていただいてもかまいません。

「へ」と「そ」の両方を意識し、共鳴し合っていることを感じ取りながら、すべてのもとからつながり、生かされている自分として世の中を見始めてみると、見えてくるものが変わってきます。感じることが変わってくるのです。

私に、ミッションが向こうからやってきた日、外側からきたように感じたにも関わらず、同時に私のお腹からも同じものがわき上がりました。つまり、これが「へ」と「そ」で、外側に感じるものと同じものが内側にもあり、どちらかにスイッチが入ると、もう一方にもスイッチが入るように連動しているのです。

もとをたどって行くと、帰る先は一つです。

この、もととつながり直すことがとても大切だと考えています。

「ミッション」と聞いて、それは何か大きな目標に向かって行動に移すことだと思ったり、自分には興味がなくて無縁だと思ったりする人もいるかもしれません。

私も最初は「ミッション」とは何か具体的な行動をすることだと思っていました。しかし、今では「すべてのもと」とつながりながら、ありのままの自分で生きること、また、おこなうことのすべてが「ミッション＝使命」であり、自分の生まれてきた大きな役割につながっていると思っています。

ですから、「こんな自分には無理だ」などと、自分からつながりを制限してしまったり、そんな簡単にはつながれないと思ったりしないでください。

まずは、すでにつながっていることを思い出すだけでかまいません。

すべてのもとからすれば、私たちはわが子のようなものです。

子どもが真剣になれば親も真剣になるように、こちらが求める分だけ、わからせてもらえます。ですから、私たちの中にある本来あるものをわき上がらせて生きると決めることは、とても大事なのです。

ほとんどのみたまは眠っているらしく、昔、眠っていたみたまが目覚めることを、「**へそがわく**」「**へそが開く**」と表現していたそうです。実際に熱くなったり、振動したり、体感を伴ったりすることも少なくありません。

私の講演を聞いてくださったり、「へそ道」のワークショップの受講者の中には、私が大晦日の夜に体験したように「ぐお～っ！」とへそがわき出す人もいますし、こみ上げる人、風のようにやってくる人、炎のように熱さを感じる人、思わず涙があふれだす人、静かにわく人、まったく何も感じないで開く人など、人によってさまざまです。

へそが開くと、「ころころっ」と音がする人もおられるそうです。その体験が必ず起こるわけではありませんし、大切なわけでもありませんが、へそが働きだすと、みんな一様に**「ふとふと」思わされることが**増えてくるとおっしゃっています。

現代人は頭や知識が先行してしまい、みたまが働くすきまがないのかもしれませんが、それでもまだわき上がってくるものが私たちの内に存在している証拠です。

そのわき上がろうとしているものに素直に寄り添うためには、できるだけ考え過ぎないことです。頭で思うことや、心で感じること以上に、わき上がるものには無限の力がありますから、自然に人生が変化していくことを止めず、それを楽しむ勇気も必要です。

へその先を生きる自分をありのまま受け入れたとき、すべてのもととつながっていることを思い出すことができます。まずは、頭の計算から天の計算に変えていくことです。

人生は「やり直しはできないけれど、出直しはできる」のですから。

「へそで生きる」とは二つの親を意識する生き方

「宇宙は一点から始まった」と言われています。

宇宙の命の始まりが一つから起きたならば、私たち自身も、その一点につながっていることになります。

すべてのもとから今を生きる私たちまで、一度も途切れることなくつながっていたからこそ、今、私たちはここに存在できているのです。

そう思うと、いろんな時代を乗り越えて、たくさんのご先祖さまがつなげてくださったこの命は、自分だけのものではないように感じられます。

望まれて今ここに自分があるように、大切につないでくださったからこそでしょう。

私たちは、お母さんのお腹の中で母親の心臓の音を聞き、母親から栄養をいただき、十月十日を過ごしてきました。

母親の身体とは、へその緒を切って離れることで私たちはここに存在しますから、肉体的な「へそ」とのつながりはそこで終わり、です。

しかし、母親の肉体とつながっていた「へそ」がなくなっても、今度はすべてのもとと直接つながる「へそ」があると感じてみたならどうでしょう。

宇宙という目に見えない壮大な子宮に生まれ、今度は天という新しい親と見えないへその緒でつながる……。私たちを包む空気や大気が「羊水」となり、宇宙の果てが「子宮の壁」、へそは天を中心に、「見えない幾千もの筋目」となって必要なものとつながっている。

そんな世界を感じることができれば、肉体の母から生まれたという限定された「私」から、すべてのもとの親から生まれた無限の「私」に変わり、エネルギーのつながるところは「有限」から「無限」へと変化していきます。

筑波大学の名誉教授であり、高血圧のヒトレニン遺伝子の暗号を世界で初めて解読したことで知られる村上和雄先生は、すべてのもとのことを「サムシング・グレート」と、名づけました。

遺伝子の暗号を解読しているうちに、「いったいこの美しい遺伝子暗号を最初に書いたのは誰なのか？」と村上先生は疑問に思ったそうです。「これは、大いなる何かが書いたとしか思えない」と感じたところから、大いなる何かを「サムシング・グレート」と呼んだのが始まりなのだそうです。

以前、村上和雄先生に質問させていただいたことがあります。

「サムシング・グレートから情報をもらって生きていくには、どのようなことを意識すればいいと思われますか?」

村上先生は、すかさず答えてくださいました。

「サムシング・グレートの存在を知ることです。それは頭の知識で理解するのではなく、腹でね、存在を意識することですよ」

大いなる何かから情報をいただいて生きるためには、難しい手順はなく、その存在を知るだけでいいのです。この答えには私も勇気づけられましたし、「へそ」を意識することの大切さを確信できました。

私たちは、遺伝子というと、見た目にわかりやすい肉体的な遺伝だけを想像してしまいがちですが、生体、情報、経験なども引き継ぎます。さらに、遺伝子には「すべてのもと」であるサムシング・グレートの情報も書き込まれており、へその緒を通じて流れているのだと村上先生はおっしゃいます。なんて素晴らしいことでしょう!

何代も前の祖先までさかのぼる遺伝子が私たちの中にあるように、サムシング・グレートと同じものも私たちの体にあるということです。

つまり、「へそ」の「へ」である先端を生きる私たちが、「へそ」の「そ」である「すべてのもと」を意識して生きることは、この私たちのなかの遺伝子にあるサムシング・グレートのスイッチをオンにすることなのです。私たちが「サムシング・グレート」、つまり「みたま」を本体として、そこから情報を受け取りながら生きることが、「へそ」で生きることです。

「へそ」で生きるとは、肉体の親と、すべてのもとの親の両方を親とする生き方のことなのです。

「自己受容」を深めると「へそ」は一気に動き始める

豊かな人間関係や喜びの多い人生は、「自分のことをどうとらえているか」で決まってくるといっても過言ではありません。

どういうことかというと、それは、自分と自分との関係が、まわりの人間関係にも大きく影響していくということです。

いつも一緒にいる「私」との関係が豊かでないと、どこへ行っても喜びは少なくなってしまいます。

「へそ」からのメッセージを感じ取り、自分の中から答えを見いだして生きていくためには、**「自己受容を深めていくこと」**が土台になってきます。

「自己受容」とは、自分のよいところも悪いところも、それも含めて自分なんだと受け入れる感覚です。

それが深まっていくと、すべてのもとからの情報を受け取りやすくなるだけではなく、いろんな力が戻ってきます。まずは、自分のことをどうとらえているかを知ることから始めましょう。

例えば、皆さんは「猫」というとどんなイメージがありますか？

「かわいい」「大好き」「きらい」「甘えん坊」「気まぐれ」「癒《いや》される」「わがまま」「いじわる」などなど、人によっても印象はさまざまだと思います。

「あなたは猫みたいですね」

そう言われると、自分が「猫」にもっているイメージを当てはめて、否定されたように感じることもあれば、褒められたようにも感じるでしょう。

でも実際には、「猫」は「猫」でしかなくて、それ以上でもそれ以下でもありません。イメージは自分や人が勝手に決めたものです。

このように、自分が自分に対して「どんなイメージ」「どんな意味づけ」をしているかで、私というもののとらえ方が大きく変わっていきます。

今までの「私」というもののとらえ方は、肉体の両親や祖父母から、どのように育てられたかということや、環境、教育、自分の能力、または周囲から「あなたはこういう人だね」といった言葉など、外的要因によって自分を見ていることも多いと思います。生まれてきてからこれまでの人生で、今の「私」があるという肉体レベルの話で決められることがほとんどです。

これが今までの一般的な「私」のとらえ方であり、限定された「私」というイメージでしょう。

その場合、限りのある人生が変わるのは、何かを手に入れたり、何かで成功したり能力をつけたり、または、自分の悪い部分が改善されたときかもしれません。

しかし、「へそ道」では何かを得ることで人生が変わるのではなく、「私」というもののとらえ方、または自分へのイメージが変わることで人生が変わると考えています。

自分のもとにつながるご先祖さまや、すべてのもとに望まれて生まれた「私」であること、もととつながり、さらに自分の中にもとと同じ「分けみたま」があるのだと自覚ができれば、「私」という存在のとらえ方が変わります。

そして今、ここに生かされているだけでどれだけ素晴らしい存在なのかが感じ取られ、肉体レベルだけで自分の価値を判断するのではなく、魂レベルでは無限の価値がある「私」なのだと見方が変わっていきます。

自分のことをそのようにとらえてこそ、見えるもの、感じるもの、聞こえてくるものがあるのです。

「へそ」を自覚できると、その魂の親であるすべてのもとも働き始めます。つまり、自分のスイッチが入ると、すべてのもとの主電源とつながり、電気が流れ始めるというわけです。

そして、すべてのもとの情報が自分の中にあるのだという実感が深まるにつれ、今感じていることを大切にして生きていく感覚が、少しずつ磨かれていきます。

そして、いつしか内なる無限の「へそ」から情報をもらうことが不思議ではなくなってくるのです。

気の世界を知ることから見えないものが感じられた

私たちは、見える世界で「正しい」とか「正しくない」とか、説明が「つく」とか「つかない」などといったことを気にしてしまいます。

あいまいなものや答えがはっきりしないものは、なかなか信じられません。

しかし、見えない世界、わからない世界を生き始めるには、「ふとした感覚」や「なんとなくの感覚」……ここにこだわってみるのが出発点です。

おへそをたどるときもそうです。

親から親へ、ずっとなんとなく命が続いているということはわかりますし、お父さんやお母さん、おじいちゃん、おばあちゃんくらいまでは理解できます。ところが、もっと遠いところまで続いていると言われても、その見えない先のものを感じるのは難しいものです。証明もできませんし、目で確認することもできません。

そのような場合でも、ただ「なんとなく、ずーっと遠くからいただいた命なんだなぁ」と、あいまいですが自分にしかわからない感覚をもてるかどうかが大切になってきます。なんとなくと、ありがたいなぁという感覚です。自分ならではの感覚を磨くためには、**「なんとなく」**という、この感覚を味わい深めることです。

かつての私は、わかりにくくて頼りない、目に見えない世界よりも、目に見える確かなものを追い求めていました。

ですから20年前、初めて「気功」に出会ったときの衝撃は今でも忘れられません。もともと体が弱く、なんとかして自分の体質を改善したいという理由から気功を始めましたが、たった3日で何年も苦しんだ花粉症が改善するなど、理屈では説明できない不思議な体験をしました。

私は気の世界に感動してしまい、「自分も気功師になって気の力を極めたい！」と思いたち、すぐに2年間、中国の有名な気功師の先生に弟子入りしました。

しかし修行中、私だけがどうしても「気」の感覚がつかめないでいました。落ちこぼれるのはとても怖くて、ごまかしてでもみんなと進度を合わせたいのですが、どうしても目に見えない世界は「知っているふり」をしても先に進めません。

当時は、まだまだ正しくありたいと強く願う自分がいましたから、自分だけ答えが見つからず、みんなからおいていかれる状況に泣きそうなくらい落ち込みました。

焦れば焦るほど追い詰められ、あきらめそうになったとき、

「気のせいを『これが気だ』と思うところから始めなさい」

と先生から言われたのです。

私は、「なんとなく」とか「気のせい」ということがよくわからず、直感であれ、なんであれ、「はっきり明確にわかるもの」という形で求めていました。

私はそのアドバイスを受け、なんとなく手のひらがふわっとするかな？　くらいの感覚を「これが気だ」と思うところから始めました。そして、その「気のせい」くらいの不確かな感覚を「気」だと思いながら、練功していくようにしたのです。

すると、今まで風のような気配でしかなかったものが、どんどんしっかりとした感覚

に育っていきました。そのうちに、それは自分の中で確かな感覚になっていき、少しずつ「気」がわかるようになったのです。やがては「気」の調整や施術もできるようになり、教室で気功を教えられるようにまでなりました。

もちろん自分の感覚ですから、人に見せたり、証明したりはできません。

しかし、そのおかげで自分なりにですが、確信をもって目にみえない世界を伝えられるようになっていったのです。

目に見えない世界は、覚えたり、教えてもらったりしてすぐにできるものではなく、少しずつ自分の感覚でつかんでいくしかありません。

さらに、勉強のように飛び級はできず、わかった気になっていてもごまかせませんから、一段一段と感覚を深めていくしかありません。

じつは「へそ」で生きることも、この「なんとなく」の世界を深めていくものですから気功と同じです。一度自分で「へそ」で生きる感覚がつかめたら、失うこともなく、終わりがなく深めることができ、深まるたびに自分で違いを実感できる喜びが伴います。

時代の価値観や常識が変わっても、自分の中の確かな部分とつながり、信頼できる感覚だけは自分のものですから、誰にも奪うことはできません。

だからこそ、気づいて興味をもったときから深めていただきたいのです。

地域や時代が違っても人は同じ思いを共有している

まず、「へそ」でつながった自分で生きる、と心で決めることがとても大切です。

なぜかというと、「へそ」どおりに生きていくと決めたときの自分から変化し始め、自然とそのように生きる方向へと誘われるからです。出会う人や起こる出来事をとおして、それを教えてくれます。

そして、喜べることが増えると自分が変わるだけでなく、周囲もよくなっていくので、みんなの喜びにもつながっていくのです。

「へそで生きる」とは、天の思いに沿って生きることであり、本質の自分で生きるということです。

では、天の思いを知るにはどうしたらいいでしょうか。

それは天を親として、親の思いとして考えるとわかりやすいものです。

自分自身に、「『天』は私たちにどう生きてほしいと思っているのでしょうか？」と質問してみてください。

これまで多くの方々が、この質問に対して、自分なりに感じたことをこんなふうに答えてくださいました。


「違いを認め合って平和に暮らしてほしい」

「それぞれの個性を活かして楽しんでほしい」

「自分の役割を喜んでまっとうしてほしい」

「みんなと仲よく助け合ってほしい」

「ありのままの自分を大切に生きてほしい」


不思議なことに、選ぶ言葉は違っても、その答えのほとんどは自分も人も幸せになることを願うものが多いのです。一人ひとりがその答えのように生きることができれば、きっとみんなが幸せになれるだろうと思えるものがほとんどでした。

ペルーの遺跡を発掘されている天野博物館の事務局長・坂根博さんは、「時代や地域が違っても、なぜ人は同じことを考えるのかが不思議です」とおっしゃっていました。

国や地域や時代が違っても大事にしているものが一緒だというのです。どんな遺跡も、いちばん大切な場所から「祈りの場」が発見されるそうです。

すべてのもとからの情報は、地域や時代に関係なく、「祈り」というものをとおして情報が揃い、大きな同じメッセージを共有できるのではないかと思います。

たくさんの方が「世界平和」を願っているのに、なぜかなわないのかということをある方に脳科学の観点からお伺いしたことがあります。それは「祈り」ではなく「願い」であって、みんながばらばらの願いをしているからだとおっしゃっていました。

「祈りが揃う」ことが大切なのだそうです。祈りが揃うには、私たちの祈る先も一つでないと揃いませんから、すべてのもとの一点に沿って生きるということは、祈りが揃うことになるのだと思うのです。

日本の縄文時代は1万年もの間、争いがなかったといいます。みんなが自分の役割をまっとうし、好きなことをしながら調和がとれていたそうです。

これも以前、環境学の博士にお聞きしたことです。縄文時代に意見が分かれて話し合いになったとき、けっして暴力的に争うのではなく、それぞれの縄を結わうことで互いの意見を尊重したのだそうです。

つまり、編まれた縄の美しさによって、どれだけ天とつながり、天意を受け止めているのかを見せ合ったのでしょう。それは一目瞭然だったそうですから、相手の美しさを認めた側は「参りました」と先方の意見を尊重したのだとか。とてもキレイな判断方法だと思います。「へそ」どおりに生きることは、縄文時代と似ているような気がします。

実際に私たちの気持ちを「たま」と「しい」に分けて感じてみましょう。まず、「天は自分にどう生きてほしいか?」という自分の内から出てきた答えを、自分の「みたま」の望むことだと仮定してみます。

たとえば「それぞれの個性を活かして楽しんでほしい」——これが親の思いであり、本来の役割だとしましょう。

ところが、当人の心には「自分なんて」とか、「自分は幸せになる価値はない」「楽しむのは罪悪だ」というような思いがわいてくるとしたら、みたまどおり生きることをしないばかりか、自分の個性を抑え込み、世の中に合わせ、人生を楽しめないようにしています。

この、みたまどおり生きることを止めている感情、その一つひとつが、「しい」であり、「ほこり」になるわけです。

それは「私なんて」「めんどくさい」「リスクがある」「変に思われる」「目立たないようにしよう」「損したくない」「成功する保障がない」「恐い」「疑われる」などなど「みたま」どおり生きようとするときに出てくる頭の世界です。

楽しんで生きよう、そしてみんなと仲よく生きようと思っても、さまざまな「しい」がわいてきて、そう思っている自分が現実で、できないことを事実だと思ってしまいます。できないのではなく、しないということを選んでいることも忘れてしまうのです。

この「しい」の世界のほうが現実の世界だと、私も昔は思っていましたし、心や感情をコントロールして、どうにかして幸せになろうとしていました。

しかし、心のように、ころころと移り変わる不確かなものを自分だとしている限りは、どうやってもこの入り組んだ感情の世界から抜け出せません。

たとえば、ある人に優しくしようと思った直後に、その人から嫌なことを言われると、そんな優しい気持ちはどこかに吹き飛んでしまうということは、よくあることだと思います。それだけ心や感情の世界は変わりやすいということです。

ですから「みたま」が本体の私で、「しい」や「ほこり」はただの「上側《うわかわ》」だと分けていくことです。そして、心の世界を生きる人生から、人が本来もっている、よきものを奮い立たせる「へそ」が中心の人生へとシフトしていきましょう。

わき上がってくる思いを認めていくことが大切

生きていると、いろいろな出来事が起こりますし、いろいろな心が動きます。

ふと思うことや、良心にしたがって素直に行動しようと思っても、後からいろんな思いがわき上がり、怖くなったりすることもあるでしょう。

挑戦しようと思ったとたんに、「失敗したらどうしよう」とか「私にはできない」などいろいろな心が動きます。

そんな時、まず自分は「へそ」が本体なんだということを自覚します。

思いや感情などの「しい」でいっぱいになった時も「へそ」が本体で、「しい」である心は「上側」だと思い出してください。

もともとの本体はみたままであることを何度でも繰り返し身につけてください。

「へそ」どおり生きようと思っても出てくるそれ以外のどんな思いも「あ〜こんな気持ちを持っているんだなぁ」と軽やかに認めていくことです。

「怖いと思っています。ごめんなさい」

「それに気づけました。ありがとうございます」

「できないと思っている自分がいます。ごめんなさい」

感じたままの感情を受け止め、**「お詫びとお礼」**をしてみるのです。

その思いをもっている自分を責めたり、否定したりせず、「こんな思いをもっています」「こんなものに気づけました」と自分の「へそ」に伝えて自覚するだけでいいのです。

「へそ」にお詫びをしているわけですから、私たちがこれをする場合、絶大なる信頼をもった親が、私たちのこの自己流の思いをいつでも許してくださる、そう思うとやりやすいかもしれません。

これは体験してほしいのですが、**「さらしてさらす」**という言葉どおり、自分のありのままの気持ちをさらしていくうちに、真っ白なさらしのようにキレイになり、「しい」の思いがいつしかなくなっていくのがわかります。まるで織物の汚れた部分をキレイに切り取ったかのように、その思いがキレイになくなっているのです。これが味わうことの力です。

本来、日本人は、すべてを味わい、その趣を楽しめたといいます。

もともと人はみたまを自分の中にいただいていますが、それは自分が創ったものではなく、天からいただいたものです。これは自然なことです。「しい」である心は、情緒を味わうために持たされて生まれてきていますが、それ以外の余計なものは我であったり、自分で決めたルールだったりします。

こうした「心」のルールを決めたのは他のだれでもなく自分なのですから、そのことを自覚して、お詫びをすればいいのです。

自分でもよいと思えないようなものも、しっかり自分のものとして味わっていくことです。すると他人に対しても、責め裁く思いではなく、キレイな心で生きたいと思ってもできないものを持たされているよなぁと、許し、いたわる気持ちになれるものです。

自然は山も川も動物も微生物も、一見、悪く思えるようなことさえ、大きな意志の中で生かされ、うまく回るように采配《さいはい》されています。私たち人間も究極は自然に沿うこと、つまりもともともたされた「へそ」どおり生きることで、うまく回るようになっていると思うのです。

人は良し悪しの世界から「ほこり」をつくってしまう

瞑想をされている方は体験済みかもしれませんが、どんな思いが浮かんできても、それにとらわれず、ただ眺めていれば感情は静かに消えていくものです。わざわざそこに思いを寄せると、かえって縛られてしまうことを瞑想の熟練者は知っています。

実は、私たちの日常生活にも同じことが起きています。思いを馳《は》せすぎたり、つかまなくてもいい感情をつかみすぎたりして、余計に状況を悪くしたり、現実化してしまうことがあります。

それを「良し悪し」の世界といいます。

ただ味わって通過していけばいいだけの出来事に、自分なりの判断基準で意味づけをし、「ほこり」にしてしまうというわけです。「ほこり」にするだけでなく、どんどん積み重ねることで苦しみまで伴ってしまう人も少なくありません。

自分の感情をありのままに感じにくいのは、自然にわき起こる感情に「良し悪し」を作ってしまうからでしょう。

たとえば「あの人が嫌だ」と感じたとします。その後に、「そう思うことは悪いことだ」「あの人の存在に感謝しなければならない」と無理やり思おうとするあまり、「こんなふうに思う私はダメだ」「もっとよい人にならなければ」など、さまざまな感情を重ねます。こうして最初に浮かんだ「しい」を隠そうと次の「しい」で覆いかぶせてしまいます。

つまり、「ほこり」に「ほこり」を積み、何が本音なのかがわかりにくくなるのです。ただ「あの人が嫌だ、と思いました。ごめんなさい」と感じきればいいのですが、「優しくありたい」「いい人でありたい」と思うあまりに、自分の感じていることよりも「こうあるべき」「こうするべき」「こう思うべき」という知識が優先して、本音を感じることが難しいのです。これが本来の「へそ」が埋もれてしまうからくりです。

さらに、世の中に飛び交っているさまざまな情報をその都度、自分の価値観に取り入れ、それからずれていると、つい自分も人も裁いてしまいやすいものです。

そういうところから抜け出すためには、まず自分のありのままの心の動きや感情に「良し悪し」をつけているのは、まぎれもなく自分自身だということに気づくことです。

自分が苦しくなったり、人生に影響を及ぼしたりしているのは、出来事や心、感情自体ではなく、起こる出来事に意味をつけている「自分」です。浮かぶ感情を悪いと決めつけているのも、感情に抵抗したり、拒否したりしているのも自分自身です。

ですから、**「お詫びとお礼」**に立ち返るということは、心や感情に振り回されるのではなく、しっかりと起きたことを手のひらに乗せるようにして、それは自分で選んだことだと自覚することから始まります。そうすることによって、感じることを許し、ただあるがままに受け止めていくことができるようになっていきます。

そして、自分の本音を認め、しっかりと受け止めることで、もともとのシンプルで、キレイな自分になっていくことがわかるでしょう。

「へそ」どおりにいかない、また喜べない考えをもったのは誰だろう？

そこに良し悪しや意味をつけているのは誰だろう？

そのことがわかれば、思いを選択したのは自分だということも自覚できます。

このようにして気づいたときに、自分の思いをその都度、「へそ」に報告するかのようにお詫びをしてみてください。

「今日はこんなことを思いました。ごめんなさい」

「さっき、自分の思いどおりにいかないことで、彼のことを悪く思ってしまいました。ごめんなさい」

「私は彼女のことが大嫌いだと思っています。ごめんなさい」

しっかりと自分の抱いているものを味わうことで、これらの感情がニュートラルになり、自分の人生に影響を及ぼさないようになっていきます。

そのことに気づけたことや自分のどんな感情も受け取ってくれたことにも「へそ」にお礼を伝えましょう。気づけたのは自分の「へそ」が成長したからこそ。「へそ」に意識を向けると、「お詫びとお礼」が自然にわき起こってくるようになります。

そのうちに、ふとした出来事からも、自分の思いグセや気持ちに気づけ、お詫びがわき上がってくるようになります。それと同時に、お礼の気持ちも自然とわき上がり、「ありがとうございます」がわいてくるのです。

すると、「ほこり」がぽろぽろと落ちて、人が本来もっていたよいものが光り始めます。

このわき起こる「お詫びとお礼」を体験した人は、理屈ではなく体が覚えていくので、そこからどんどん感覚が深まり、「する」感謝から、「わき起こる」感謝に変わります。

「詫びて花咲き、お礼で実る」という言葉どおり、少しずつお詫びとお礼を繰り返しながら育っていくと、ある日、自分の変化に驚くときがあります。

昔だったら、こんな出来事が起こったら、のたうち回るほどの感情がわき起こって長い間苦しんだだろうなぁ……と思うようなことに遭っても、「まぁいいか」と何も嫌な思いがわいてこない、そんな自分でも驚く変化が増えてきます。

思いを切り替えて当たり前を喜ぶ

「思いの切り替え」とは、自分に起こるすべてのことは、自分が「へそ」どおりに生きるための天の仕込みなのだととらえていくことです。

自分の知識や、自分のわずかな限りある経験、考え、感情などから、苦しんだり、怒ったり、良し悪しを作ったりせず、喜んで生きていくほうに思いを切り替えることで、「天意」に近づいていくことができるのです。

「天意」とは、すべてを喜んで生きること。喜んで生きるのが「へそ」本来の姿ですから、もとの姿に近づきなさいということなのですね。

天意に沿うには「無理して喜べ」とも言われ、そうでもしないと人間はどんどん天から離れ、自分の思いを優先するあまりに、苦しんでしまうと考えられてきました。

私たちの親でもある「天」は、そのことを私たちに教えたいのです。

しかし、「天に口なし」です。口はないけれど、ふと思うことや思いもよらない出来事、思いもよらない人との出会いをとおして、大切なことを伝えようとしてくれます。出来事や人の口をとおしてわからせてくれるのです。

ですから、受け取る私たちが、すべては「天の仕込み」なのだということに気づき、学び取ろうとしなければ、なかなか「天意」はつかめません。

そのような仕組みを知り、思いを深めるだけでも、人生は大きく変わっていきます。投げ出したくなるような状況に遭っても、感謝できることを見つけ、喜べる自分になるのです。へそ道で深めていく「喜び」には、3段階あります。

まず、最初の第1段階は、**「子どものように喜ぶ生き方」**です。

どんな人も、楽しいときや人に何かをしてもらったときはうれしいものです。だからこそ、どんなことも子どものように無邪気に素直に喜んで生きることです。そのような人の周りには、明るい人間関係が豊かに育っていくでしょう。

第2段階は、**「当たり前を喜ぶ生き方」**です。

喜べる状況になくても、そこに喜べるものを見いだしていく境地のことです。これができるようになると、どんな状況も喜びに切り替えることができて人生が豊かになります。

私たちは、○○があれば幸せだと願いますが、それが手に入ってしまうと、いつしかあるのが当たり前になって、もう喜べなくなります。そればかりか、だんだんそれにも不満が出てきて、もっと別の新しいものが欲しくなったりします。

どんなに素晴らしいことも、どんなに幸せに思えることも、「当たり前」に思ってしまうと喜ぶことができません。けれども、今すでにあるものに、もう一度感謝を見いだせるようになると、どんなことも喜んで生きられる力が増してきます。

もし、今の生活に感謝や喜びをあまり感じられない方は、ぜひ、次のような短いワークをしてみてください。

今あるもので、これだけは失いたくない、
というものを思い浮かべてください。
そしてそれを失ってしまったときの感情を感じてみてください。
その感情をしっかりと感じることができたら、
その大事なものは、ちゃんと今、
手の中にあることを、思い出してください。
そうすると、そのことが当たり前のことではなく、
宝物に見え始めます。

子どもの頃、「大人になったら、これをするんだ」とか「もし、結婚したら、だんなさんとこんな家庭を築くんだ」とか「もし、子どもができたら、一緒にいっぱい遊ぶんだ」とか、いろいろな夢を描いていたと思います。

たとえば今はすでに結婚をして子どもがいるならば、それを当たり前とせず、「もし結婚したら」「もし子どもがいたら」と自分で描いていたかつての夢を思い出しながら、今

のこの状況は昔に望んでいたことが実現したのだと味わってみてください。きっと今の状態を楽しむ気持ちや感謝がわいてくるはずです。

そして最後の3段階目の喜びは、まさに究極です。それは**「『苦』を喜ぶ生き方」**です。「苦しみ」とは、人生でできるだけ避けたいものだと誰もが思うはずです。だからこそ誰も経験したくない「苦」を喜べることができたら、人生で起こることすべてのとらえ方が本当に豊かになりますね。

「この苦しい状況も私にとっての天の仕込みなのだ」「人生を豊かにする学びなのだ」「キレイにしてもらっているんだ」「この状況から私は何を学んでいるんだろう？」「この状態を体験するおかげで、人生はよりよい方向に向かっている」など、受け取り方はさまざまです。

いつ、どんなことがあっても、「天」は自分を磨こうとしてくれていることを感じてみてください。これは無理に思わなければならないのではなく、日々の積み重ねで深めていただきたいのです。

「へそ」で生きるというのは、人間関係にも出来事にも、すべての間に「天」に入っていただくというとらえ方です。そう生きられる背後には、いつも自分を磨こうとしてくれている「天」の存在を日々、実感しているからこそということがあります。

ミッションを生きるとはありのままの自分であること

私が「ミッションを生きる！」と決めたとき、力が向こうからやって来たと同時に、お腹の深いところから自分がやるべきことがわき起こってきた気がしました。

まさしく「へ」と「そ」の両方から情報を受け取ったような感じです。

英語でいうミッションとは「使命」のこと。日本語はもともとひらがな文化で漢字はあとから当てはめられました。それだけに、日本語がもっている言霊はすばらしいと思うのです。

「使命」と同じ音をもつ言葉に「氏名（自分の名前）」があります。つまり、自分（氏名）というものをありのまま活かして生きることこそが使命ともいえるわけです。

人それぞれに自分ならではの役割があるのです。

「使命」「氏名」と同じように、「想像力」と「創造力」も同じ音ですが、ふとイメージがわいたものを創るということにおいては、どちらもつながっている言葉ですね。

日本には、役割の尊さを伝えることわざに次のようなものがあります。

「籠に乗る人、担ぐ人、そのまた草鞋《わらじ》を作る人」

これは、籠に乗る人も担ぐ人も草鞋を作る人も、それぞれが役割で、どの役割も同等に尊いのだよ、ということを教えてくれています。

ついつい籠に乗る人は偉いんだとか、草鞋を編むのは地味だなどと判断してしまいそうになりますが、そうではありません。これは、どの役の方も、それぞれの役割が大事であり、そこにいてくださるからありがたい、ということを表しているのですね。

いろいろな役の方がいてくださるからこそ物語は始められるもの。

たとえば、籠に乗る人ばかりで担ぐ人がいなかったら、籠に乗っても前に進むことはできません。また逆に、担ぐ人ばかりで乗る人がいなかったら、せっかく担いでも行く先がないでしょう。

草鞋を作ることも、草鞋を喜んで履いてくださる方がいてこそ成り立つものです。

これをビジネスの世界に当てはめると、どうなるでしょうか？　組織になると、上司と部下というような上下関係は生まれてしまいますが、役割に上下はありません。

ついつい人は、立派な役割とそうでない役割があると思ってしまいがちです。たしかに、役割には「陽の当たる役割」と「陽の当たらない役割」があります。

しかし、何ごともそうですが、その両方があってこそ世界は創られていくもの。その構造を知っておくことは、生きていくうえで大変、役に立ちます。

「役割」と「立派さ」とは関係がないことを知っていると、どんな役割も喜んでできるだけでなく、自分本来の役割にも早く気づけるようになるはずです。

そこがわからず、本来、草鞋を編むことが自分の喜びである人が、

「自分は籠に乗る人にならなければ……」

と思い込み、籠に乗る努力をするために大半の時間を費やしたとしたら、たとえ籠に乗れるようになったとしても、心からの喜びは少ないでしょう。夢が叶ったのになぜだろう？　となるのです。それは、本来の自分の役割とは違うからです。

このように、いくら自分以外のものになろうとして、たとえそうなったとしても結果はやはり虚しいもの。自分と違う役になろうとするその苦労は、ただ苦しいだけかもしれません。

しかし、草鞋を編む人が、どうしたら美しい草鞋を編めるだろうと、自分の役割において苦労することは辛いなかにも喜びがあります。自分が編んだ草鞋を履くことで、どれだけの人が幸せに暮らせるだろうか。そう思えると、どんな苦労も乗り越えられたりするの

ですね。

このことをわかっていないと、ついつい使命とは立派なことだけだととらえてしまい、頭でっかちな世界に戻ってしまうことがあります。

ミッションを生きる、「へそ」どおりの自分で生きるというのは、何か職種や形のある目標を達成するための行動ではありません。

自分がいる場所でどれだけ喜んで生きられるかということにつきます。「今」を大事に、目の前にあることを喜んで、すべていただきます！ と、おてんとうさまを自分の身の内において生きている「在り方」のことです。

そのように存在することだけでも大きな役割ですし、その「在り方」で行動することは、すべて使命につながっていきます。

使命というと、何か大きなことや派手なことを見つけて動くことのようにとらえがちですが、そうではなく、日常の中で今、目の前のことを「いただきます」と喜んで生きていると、それが自分ならではの「大きな役割」につながり、「大きな使命」にもつながっていくのです。

「下座」が教えてくれる謙虚な心の大切さ

「なんとなく」の世界を味わう感覚を磨いたり、「へそ」どおりに生きていく自分を磨いていくために欠かせないこと、それが**「下座」**です。

私の尊敬する方は、いつも下座の心をもたれています。

慢心を抑えるために**「自分はたいしたことはない」**と思うようにしていると話してくださったのは、前出の村上和雄先生でした。

いつお会いしても笑顔いっぱいの村上先生は、けっして自分を偉く見せたり、高慢なもの言いをされたりはしません。どんな質問や意見にも探究心旺盛に耳を傾け、学ぶ姿勢をもたれています。

また、アメリカで鎌型赤血球貧血症の研究をされている新原《にいはら》豊先生も、世界的な開発を手がけるとともに、絶えず世界中のさまざまな研究者やビジネスリーダーたちと交流を続けながら、とても謙虚に日々の祈りを大切にされています。

「どうかチームみんなをお守りください。自分がどうぞ傲慢になりませんように。傲慢になるとあなたが働いてくださらないことを知っています。どうぞお守りください」

お二人の科学者に共通する謙虚さに触れるたび、頭が下がる思いがします。

これは日本人が大事にしていた「下座」の心にも通じます。

水もよきものも、高いところから低いところへと流れます。同じように、頭を低くすればするほど、恩恵が流れ込んでくることを昔の人たちは知っていました。

哲学者として、または教育者として、故人となった今でも多くの人々から慕われている森信三先生は、『修身教授録』という著書の中で「下座行」のことを、このように記されています。

〈『下座行』とは、自分を人よりも一段と低い位置に身を置くことです。しかもそれが『行』と言われる以上、その地位に安んじて、わが身の修養に励むことを言うのです。そしてそれによって、自分の傲慢心が打ち砕かれるわけです。すなわち、身はその人の実力以下の地位にありながら、これに対して不平不満の色を人に示さず、まじめにその仕事に精励する態度をいうわけです。これを『下座を行ずる』というわけです。〉

「思い上がらず、下座に徹して生きる時、天が君を助けてくれる」と書かれている森先生は、「下座行」のことを「人間を鍛えていく土台」だともおっしゃっています。

作家として、やはり多くの読者をもつ神渡《かみわたり》良平先生の著書『下坐に生きる』の序文には、下座の行を実践されていた仏教詩人・坂村真民《しんみん》さんの一文が載っていました。

〈二十一世紀は庶民の時代だと私は思い、そういう詩を書いているが、坐して足の裏を光に当て、一日のうちしばらくでもいい、心を丹田に置き、そこで考え、そこで呼吸し、大宇宙の気を吸引摂取する、この下坐行を身につけてくださるよう、多くの人に呼びかけたい。大切なのは実践である。母なる地球の上に坐して、実践することである。二十一世紀の扉は、この下坐行の実践者たちによって開かれるであろう。終わりに思う。下坐に生きる人が一人でも多くなることによって、かつてない日本の危機は救われるのだと。〉

何か心に染みわたってくるようなお言葉です。

人には誰しも転機があるものですが、そのきっかけは愛する人の死であったり、失恋、病気、金銭問題、人間関係であったりなど、人それぞれです。

そのような出来事のなかで、大切なことを見直すきっかけになった方もたくさんおられるでしょう。自分の限界や力のなさを思い知った時、逆に人生を大きく切り替える心を見いだされた方も少なくないと思います。

思いがけない苦しみは飛躍の機会であり、「天の仕込み」だと言われます。実際に苦しみのなかで、そんなふうにとらえることはとても難しいことだと思います。だからこそ、下座の心でそう受け止めることができたとき、新しい世界が見え始め、救われるのだと思っています。

人生に起きる出来事はすべて必要があってのこと

何か嫌なことや、嫌な言葉に出会ったり、「どうしてこういうことがあるのだろう？」と思う出来事に出会ったときは、自分自身に問いかけてみてください。

「誰が見せるのだろう。誰が聞かせるのだろう」

出会わせていただくからには何かご縁があるんだなぁ……そう思えば受け止めやすくな

ります。けっして自分を責めたりしないでください。

いつかの時代（前世）では自分が嫌な思いをさせる側の立場だったかもしれません。いろいろな人たちに迷惑をかけてばかりだったかもしれません。そう感じてみると、何か「ふっ」と自分の中からわからせてもらえるものがあって、ついつい笑えるときもあります。

自分の中にすべてがあるという**「見るも因縁、聞くも因縁」**というとらえ方です。見ることも、聞くことも、出会わされたことは自分の中にもあるからこそ体験しているということ。良しも悪しきも自分の中にみんなあるわけです。あるものが共鳴しながら現実に現れて、その真意を私に見せてくれている。そのような仕組みです。

これは、心の奥に沈んでいるさまざまな自分流の思いグセや、人生の流れを止めている考えなどによるほこり、つまり泥を浮き上がらせてキレイな「真清水《ましみず》」にしようとする働きでもあります。何か嫌な出来事があるから、自分の中から感じたくないような感情や思いが泥になってわくのではなく、自分の中にもともとそういう泥をもっているからわいてくるのです。

たとえば、同じ出来事に出会っても、一人は一日を台無しにするほどの怒りがわき、もう一人は「そんなことあったっけ?」というようなことがあるものです。

こういう出来事に出会うたび、浮き上がってきたその泥をお詫びしてキレイにしていけば、また同じ出来事に出会っても泥が少なかったり、なくなっていれば何もわきませんから、自分でその変化に驚かれることと思います。ですから、自分の中に沈んでいた、また沈み込ませていた泥がわくときは、キレイにすることができる最高の機会なのです。喜んでこの泥を自覚して、「お詫び」をしていくことです。

「へそ」で生きると決心すると、自分の心の中に沈めてあった泥のような「ほこり」が浮き上がってくる出来事に出会います。

自分自身、気づいていなかった感情を目の当たりにして、びっくりすることもありますが、これは「へそ」が働きだし、天が自分の思いを受け取ってくれた証拠。ありがたいことなのです。それは、かわいいわが子が「へそ」どおり生きられるようになってきた流れが生じてきた現れでもあるのです。

「へそ」どおり生きることを始めると、もとの親の思いを自分の内から感じて、そのありがたさに涙があふれるようなときがあります。私も今までに何度か体験してきました。

「今ここに　起りしことは　総《すべ》てみな　御親《みおや》の愛の　仕込みなりけり」

第2章でも紹介した中山靖雄先生の読まれた詠《うた》です。

そう思わなければならないのではなく、自分にとって必要なことが起こっているのだなぁと、しみじみと自分の内側からわき上がるようになるのです。

「へそ」どおり生きようとすると、嫌なことが起こるのではありません。

今までも起こっていたのですが、感じないようにしようと心で抑え込んでいたり、気にならなかったことや、「あ、悪いことしたな」「あれは申し訳なかったなぁ」と今までは何とも思わなかった思いなども、「へそ」がどんどん誠実に磨かれて、素直に気づけることが増えてくるのです。

自分に起こる出来事はすべて「一如《いちにょ》」です。

一如とは、ありのままの出来事ということ。解釈はいろいろあるでしょうけれど、「起きている」というそのこと自体は一つである、そんな意味です。

今まで、そのような「一如」にいろいろな意味をつけ、心に泥をわかせていたのは、誰でもない、自分です。

そのことを謙虚に知ることができれば、天が、何をとおしてでも、自分の心にあるものを見せてくれている。私たちが喜んで生きられるようになるための「天の仕込み」なのだということがわかってきます。

そう思えるようになると、どんなことが起きても陽気な気持ちでいられるでしょう。辛い出来事をとおして追い込まれたり、またごまかしきれない自分の本音を見せつけられたりすることで、自分の力を知り、自力の限界を知ることができます。そんなときこそ、自分の力を超えた大きな力、「へそ」の思いに近づけることが少なくありません。

そして、本来の美しい心や力がわき出ることもあるのです。どういう状況も自分の「へそ」が自分の人生の軌道修正をするために起こしてくれているんだと思えたら、本当にうれしいことですよね。

その思いを感じながら「お詫びとお礼」「思いの切り替え」で日々を過ごさせていただこう、そんなふうに思って日常生活を送っていくうちに、気がつくと「嫌だなぁ」とか「辛いなぁ」と思っていたことが、どんどん少なくなるので、お詫びをすることも軽くなり、いつしか毎日がありがたいことへと変化していきます。

喜んで生きるところに喜びが集まります。それは、喜べることだから喜んでいるというだけではなく、どんなときも喜べる自分になれれば、自分の周囲の人や出来事のすべてを喜びに変えることができるありがたい人になれるのだと思います。

こういう姿をいちばん見てみたいと思うのは本来の自分であり、自分の中の「へそ」でもあるのです。

植物も人間もみんな「香り」で情報を伝えている

私は長い間アロマテラピーという、植物の香りを扱う仕事をしてきました。

アロマテラピーとは、植物の有効成分を抽出し、植物のもつパワーや香りの効能を私たち人間にも取り入れ、心身の健康や生活に役立てる植物療法です。

植物をとおして教えられたことは、「私たち人間も自然の一部として生きている」ということでした。自然の一部だととらえることで、自分の中にも自然界で起こっている営みが同じようにあることが感じやすくなります。

植物と人間との大きな違い……植物は大地に根をはり、動くことができません。そして身を守るときに、外敵を攻撃したり、声を出して助けを求めたり、仲間に逃げるように促したりすることもできません。

しかし、植物は、自分で身を守る成分を自ら作り出すことができます。害虫から身を守るために、体内で抗菌物質を作り出せるのです。

また周囲の植物に、声を出して害虫から身を守るようにと合図を送れない代わりに、「香り」で情報を伝えることができます。

動物や虫などが植物自体の成長をじゃましていると感じた場合は、その生き物が嫌う香りを発散します。また逆に、受粉するためには、昆虫や鳥を呼び込む香りを発したりもします。

このように、植物は「香り」を活用することによって情報を伝達しているのです。

実は、人間にもこうした植物と同じような力があることは、あまり知られていないようです。まだ仮説の域を超えていませんが、私の実体験からも、かなり事実として私たち人間も香りを発しながら、その香りに情報を含ませているのだと思われます。

実際に人間は「フェロモン」というホルモンの香りを発しています。

また香りは、「気配」や「気」とも置き換えられます。昔から、嘘をついたり、疑いがあったりするときに、「あの人、臭うな」と言いますよね。

同じように「青臭い」「陰気臭い」「胡散《うさん》臭い」「けち臭い」「素人臭い」「貧乏臭い」「生

臭い」など、人間の状態や雰囲気を表現する言葉にも、香りにまつわる言葉が多くあります。

また逆に、〝匂い立つような美人〟という褒め言葉もあります。「香功（シャンゴン）」という気功は、人の体から花の香りがするので香りの気功とも呼ばれているほどです。

人は、呼吸をとおして香りや気配を発しています。ですから自分の発する香りや気配が必要なものを引き寄せたり、逆に縁を終わらせたりすると考えることもできます。

明るい人の周りには明るい人が集まったり、ある人が部屋に入ったとたん、気配や空気が変わるということがあるように、人は性格によって出会ったり仲よくなるのではなく、「気」で集まるともいえるでしょう。

それは次にお話しする「水」をとおして考えると、さらに理解できるようになります。

思いや情報を転写していく水の器としての私たち

私たちの体は60～70％が水だといわれています。さらに脳は90％も水分が占めています。

ですから、もし私たち人間の体をコップにたとえれば、70%の水が入った「水の器」だということができるでしょう。

水が思いや情報を転写しやすいことは、世界中で翻訳されて読まれている『水は答えを知っている』（小社刊）や『水からの伝言』の著者である、江本勝さんの研究で明らかになりました。人間が抱く思いや発する言葉が水に影響を及ぼすというのです。

水に「ありがとう」と声をかけたものと「ばかやろう」と声をかけたものとでは、凍らせて撮影した水の結晶に変化が生じます。バランスの整ったキレイな結晶とつぶれたような形をした結晶のそれぞれが、水の波動の様子を伝えています。

水に言葉をかけただけで何かしらの影響があるなら、「水の器」本体である私たちの思いが、自らの体の大半を占める水に影響を及ぼさないわけがありません。

心と体は密接な関係にあります。特に、体全体の主人である私たち自身が、何を考え、何を思い、どのような行動をするかによって、体の細胞や機能にも大きく影響していることは、科学の世界でも常識となっています。

少なくとも、自分の思いの持ち方で、自分の体の水質管理ができることは明らかです。

空気中にも湿気という水分があります。除湿機にも水がたまるくらいですから、空間は空気だけではなく、目には見えませんが、密度の薄い水でつながっているといえるでしょう。

私たちは、魚が水の中を泳いでいると思っていますが、魚には水が見えず、水の中を泳いでいる感覚はないのかもしれません。同様に私たち人間も、違う存在から見れば、水の中にいるように見えているかもしれませんね。

またガラスに息を吹きかけると曇るのも、体の中の水を息をとおして蒸気にして出しているからです。水の情報は、水を介して転写していくそうですから、水の器である私たちは、呼吸や体から蒸発させる水によって、自分の持つ情報を他の人や動植物、大自然にも発信、伝達して、お互いに影響を及ぼし合っているのかもしれません。

米国ハーバード大学の心理学者として活躍するエルマ・ゲイツ博士が1879年におこなった実験で、人間の吐いた「息」を瞬間冷凍すると、感情によって色が違うことがわかっています。

健康な人の息は、無色透明（ホルモンの色）。怒っている人の息は栗色。悲しんだり苦しんだりしている人の息は灰色。後悔やねたみ、嫉妬の色は薄紅色なのだそうです。

そして、怒っている人の吐く栗色の息を集めてネズミに注射すると、なんと数分で死んでしまうそうです（『眼からウロコが落ちる本』笠巻勝利著　PHP文庫より参照）。

人間一人が1時間怒り続けると、なんと80人を致死させる毒素が発生するとか。このことからも、思いと呼吸が深い関係にあることがわかります。

自分の中の情報をもった水は、香りや気配と同様、自分たちが何を思い、どんな在り方で、どこを目指しているのかという情報を、空気を介して発信しているのだと思うのです。

植物がそうであるように、私たちが呼吸をとおして発する情報によって、いろいろなものを引き寄せているとするならば、何を考え、何を思うかは大切なことです。

水の器としての私たちの体を限りなく「真清水」にしたい。そして、そこに存在するだけですてきな情報を周りの人たちに伝えられる人になりたいですね。

「あきらめる理由」ほど「あきらめない理由」になる

何かに挑戦したい、自分らしく生きたいと思うけれど、それを貫けない真逆の気持ちにさいなまれることがあります。それは自分のなかに「〜したい」と思うことさえ止めてしまう「あきらめる理由」があるからかもしれません。

たとえば、ある目標をもつとします。その目標に向かって邁進したいにもかかわらず、それを止める「しい」である感情や気持ちがわいてくるとします。このような気持ちです。

「才能がないから」

「環境が整っていないから」

「家庭があるから」

「子どもがいるから」

「お金がないから」

「私なんて」

いろんな思いがわいてきて、やりたいことをあきらめてしまいます。

いかがでしょうか？　思い当たるところがあるのではないでしょうか。

これを「へそ」の観点で考えてみましょう。

あきらめる理由として挙げたこと……たとえば、家庭や子どもやお金のことが止める理由だとしたら、見方を変えると、それらのことを大切に思っていることになります。つまり、とても素晴らしい思いをもっているのではないでしょうか。ですから、もう一度その気持ちが「できない」のか、「しない」のかを確認してみるのです。自分で決めた「しない」に気づくことができれば、大切に思っている人や何かのせいにしてしまうことがなくなり、自分の罪悪感としての「ほこり」を積むこともなく、また相手にも「自分がいるからできないのだなぁ」という、「ほこり」を積ませることもありません。

そしてもう一つは、これがあるから「できない」と感じている場合です。そのことを「しない」と自分で決めているのではなく、その事柄のせいであきらめている気がするならば、これにはとても葛藤が起きますね。

その時は、実際に行動はしていないのですから、いったん「しない」と自分で決めてみてください。

すると、自分の心の中に犠牲者のような感情やさまざまな思いがわいてきますね。これが自分の「へそ」を止める「しい」だとしてみてください。その一つひとつの感情などをしっかり感じて自覚してお詫びをしていくことによって、いろんな思いが削ぎ落とされて、本質の自分が現れます。そうすると、「あきらめる理由」にしているものとの関係性も見えてきたり、本当にやりたいことなのかどうかが明確になるなど調和が取れてくるのです。

それ以外の場合として考えられるのは、本当はあきらめなければいけない理由があるからできないのではなく、自分がやらなくてすむ言い訳に使っている場合や、自分が怖くてやれないことを感じないために、これらを止める理由に使っている場合もあります。つまり、使わせてもらっているのですね。

また、人間は、自分の力がつくまで、そうやって人のせいにさせてもらったり、肩を貸してもらったりしているものだと思います。

しかし、その自覚がないと、相手を責めたり、本当に被害者のように感じて自分の人生を暗くしてしまいます。でも本当のところ、自分自身の深いところでは、人のせいにしていることや言い訳にさせてもらっていることを知っているので、無意識のうちに「ほこり」を積んだり、人に積ませたりしているのですね。

言い訳に使わせていただいていることを自分は知っているので、申し訳ないという思いで、「ほこり」を積みますし、相手にも自分のせいで好きなことをさせてあげられないというほこりを積ませているのです。また上側である「しい」は、本当に夫や子ども、お金のせいだと思っているので、それらとの関係もぎくしゃくするのです。

それらに「お詫び」と「お礼」をし、自分の「へそ」が決めていることが明確になれば、「あきらめる理由」は「あきらめない理由」になり得るのです。

「才能がないから」
「環境が整っていないから」
「家庭があるから」
「子どもがいるから」
「お金がないから」
「私なんて」

だとするなら、こう考え直すのも一つの考え方です。

「才能がないからこそ」
「環境が整っていないからこそ」
「夫がいるからこそ」
「家庭があるからこそ」
「子どもがいるからこそ」
「お金がないからこそ」
「私だからこそ」

「～だからこそ」できることがある、そのことのためならば……とそれを力に換えることができます。これも「思いの切り替え」の一例です。そして、そのことに気づけたら、自分の「へそ」に「今まで人のせいにしてごめんなさい。怖かったんです」と素直にお詫びができ、「今まで私を守ってくれる理由になってくれてありがとう」など、お礼も自然にわいてくることでしょう。

これは本人に言うのではなく、自分の本質に言う、つまり自覚するだけなのですが、不思議なことに、相手の「みたま」にも伝わり、相手や出来事までが変化してくるのですから、本当に自分の想像を超えた働きに驚くばかりです。

他人を喜ばせる生き方が本当の力を発揮させる

私が映画を作り始めたときは、二人の子どもはまだ幼稚園児でしたから、自由に動けず制限ばかりで、できない理由しかありませんでした。

しかし、子どもたちの未来が、良し悪しでがんじがらめの責め裁く世の中ではなく、自由で明るく、許し、いたわる世界であってほしいという一心で動き始めました。しかし、子どもへの思いや使命は人さまには見えませんから、自分の個人的な勝手な思いで映画を作っていると見えて、子どものことを考えていない母親だと思われることもありました。

しかし、自分に与えられた、また自分が選んだ使命なり役割への思いは、自分でさえわからないこともあるくらいですから、他の方にわかるはずもありません。ですから、自分ならではの使命を生きるには、表面的な理由だけをとらえられて傷つくことがあるかもしれません。また、孤独を感じることもしばしばです。

しかし、はたからどう見えるかは関係なく、大切なのは自分の、その思いの目的がどこにあるかなのです。行動する思いが、「へそ」の思いであればなおさらです。

どう見られるかなど、はたから見える世界のことが気になるときは、いつも力のわきどころを「へそ」にもってくることです。

そうでないと、どうしても自分の心に引っ張られてしまいます。少しアホになるくらいでちょうどいいのです。まじめになったり、深刻になったりすると、すぐに頭が忙しく働き始め、主電源の「へそ」から外れて自己流の我力になってしまいます。

今の時代、大変辛い状態におかれている人も少なくないと思います。しかし、人はどんなことも余裕があるからできるのではなく、追い詰められたときにこそ、力が出る場合が多いものです。そして、人は人のため、また何かのためにという思いが加わったときこそ、自分でも思いもよらない力が発揮される場合もあります。

私も振り返れば、なぜこんなに力のない私から映画を作る力や、「へそ道」を伝えたいという強い思いがわき起こるのかがわかりませんでした。

しかし、次のようなお話を聞いたとき、納得ができました。

ある海外で起こった高層マンションでの火事のお話です。逃げ遅れたお母さんと子どもが屋上に取り残されました。

しかし、高層マンションですので、はしご車も届かず救出ができません。そこで消防隊員は隣のマンションの屋上から、母子がいる屋上にはしごを渡して助けることにしたのです。

消防隊員は、はしごを渡って、火事になっているマンションに移りました。そして最初に子どもを抱いてはしごを渡り、隣のマンションに救出しました。

「お母さん、今度はあなたの番ですよ。渡ってください」

そういうと、そのお母さんは首を横に振ります。

「子どもが助かったから私は、ここで死んでもいい」

「私に渡れるはずがない。怖い」

いろんな思いがお母さんの心の中で渦巻いたのでしょう。

そして完全にあきらめ、死ぬ覚悟を決めてしまったようでした。

そのとき消防隊員は、もう一度子どもを抱いてお母さんのいるマンションの屋上に戻り、お子さんを手渡しながら、こう言ったそうです。

「お母さん、次はお母さんが子どもさんを助ける番ですよ」

一人では渡れなかったお母さんですが、子どもを抱いたとたん、子どもを助けたい一心ではしごを渡りきったのです。


大きな意図をもったとき、小さな「ほこり」は落ちていきます。

環境や条件が整っていて、楽だから力が出るのではありません。

人は**「力があるから重荷を背負うのではなく、重荷を背負うから力が出る」**のです。

生きる力が出ないときは、**「他を喜ばせる生き方」**を実行すると力が出るといいます。自分のことだけでは力は出ないけれど、何かのためだと力が出るものです。

「自分なんて」と感じ、人生がしんどいと感じるなら、その「自分なんて」と思う自分の「しい」を全部捨てて、人のことだけに生きてみるのもいいかもしれません。

本体の「みたま」どおり、「へそ」どおり生きることをとおして人のお役に立つこと。

これ以上の大きな意図があるでしょうか。

そう生きられるようにと祈ることです。そして「へそ」どおり生きられるようにと、祈るように日常を生きることが大切なのです。

第4章　へそと自己受容

～自分を受け入れる大切さ～

自己受容とは
ありのままの自分を
いいも悪いもなく
そのまま認めて受け入れること
「へそ」で生きるために
まずは自分との関係を深めてみましょう

存在しているだけで意味があるということ

なんとなく気持ちが沈んだり、落ち込んだりしてしまう。または自分ってダメだなぁと思えてしまうとき、心の中では何が起こっているでしょうか。

多くの場合、自分の言動や行動を**「良し」「悪し」の二極で無意識に判断している**と思います。二極とは、「正しいか、間違っているか」「早いか、遅いか」「偉いか、偉くないか」「できるか、できないか」などの〝比べる世界〟です。

〝比べる世界〟では、人と自分を比べて自分はだめだと思ったり、さらに自分の行動や性格などを「良し悪し」で判断したり、目に見える成功や出来事の価値と自分の存在価値とを同じに考えたりしてしまいます。

心理学では、**行動や振る舞いを「Doing」。自分のもっているもの、肩書きや学歴などのことを「Having」。自分の本質や存在、在り方を「Being」**といいます。

Doing と Having が比べることができる目に見える世界だとすると、Being は比べることができない目に見えない世界です。

「へそ」で生きるとは、目に見えることで自分を判断するのではなく、天からいただいた自分の存在＝Beingを本質として、それを磨きながら生きることが土台となっています。「へそ」でつながった先を知り、そのもとと同じものが自分の中にあることを感じたうえで自分を受け入れるので深みが違うのです。ただ生まれてきただけで、自分のことが大切な存在だと感じられるようになります。

これは私の友人の話しです、

その女性は、とても美人なうえに、なんでもできる優秀なキャリアウーマンでした。しかし、ある朝、目が覚めると、突然、全身が動かなくなっていたのです。それが膠原《こうげん》病の始まりでした。その後、病状は急速に進んで両手両足が四肢まひとなり、ほとんど寝たきりの生活になってしまいました。

手足は変形し、そのことにも心が耐えきれない状態なのに、24時間治まらない壮絶な痛みが彼女を絶望の淵に追いやりました。

介護をしてくれる親に感謝しつつも、どうして自分がこんなに辛い思いをするのかと悔しく、母親にあたったり怒鳴ったり、そんな自分にも嫌になるという心身ともに辛い日々でした。

そんなある日のこと、辛い毎日に耐えられなくなったのでしょう。母親が買い物に出かけたのを確認した彼女は、タンスにひもをかけて首をつろうとしました。

ところが、たまたま財布を忘れたお母さんが家に戻ったときに現場を見つけ、寸前のところで彼女を助けました。

「何、アホなことしてるの！」

そう言って止めるお母さんに、彼女は泣きながら訴えました。

「なんで止めるの！　私なんて生きていたってじゃまになるばかりで、何の役にも立てへん。死なせて！　生きていたって辛いだけや！」

そのとき、お母さんは、真剣な眼差しでこう言われたのでした。

「何言ってるの！　あんたはただ息をしてくれているだけでいい。それだけでいいから生きていて！」

これまで何でもできたキャリアウーマンの彼女にとって、お母さんの言葉は衝撃でした。

何もできなくていい、ただ息をし、存在しているだけで意味がある私。

生きていていいんだ！

「私は、ここにいるだけで価値がある存在なんだ」

そう思えた瞬間から彼女は昔のように輝きだしたそうです。

母親のたった一言で生きる意欲と意志がわいてきた……親が子を思う深い愛情があればこそ成し得た出来事ですね。

すべてのもとである天の親も、私たちに自分の本来の価値に気づいてほしいと願っているはずです。肉体をもって生まれてきたことにこそ深い意味があり、ありのままで存在しているだけでＯＫなんだよ、と伝えてくれています。

そのような思いを受け止めながら自分を受け入れる——自己受容というテーマは奥深いものがあります。

「へそ」を知ることは、究極の自己受容といえるかもしれません。

「感情」と「行動」を分けるということ

自己受容を深めると自分の感情がわかるようになり、生きやすくなります。

そうなるためにも、まずは**ありのままの感情を理解すること**が大切でしょう。

人は、こんなに醜い感情を抱いてはいけないとか、こう思うべきだ、というような感情にも良し悪しをつけ、ついつい判断してしまいがちです。

「へそ」どおりに生き始めると、どんな感情もそのままを受け止める力がついてきます。いろいろな感情も大切な自分の一部だという自覚が深まり、その感情に振り回されず、味わうことができるのです。

まずは、自分の「感情」と自分の「行動」をしっかり分けることから始めましょう。

たとえば、「あの人が嫌いだ」と思うことと「あの人を攻撃すること」、「だれかを殴りたいほど憎い」と思うことと、「実際に殴ること」を頭で一つにしないことです。

感情は何を感じてもいいのです。それを無理やり否定したり、その感情に蓋をしたりしないこと。思うままにしっかり感じきってあげることが大切です。きちんと自分自身で受け止めることができれば、実際の行動に移すことはないものなのです。

そればかりか、その感情を感じきると、「それくらい強い思いでその人とわかり合いたい」と思っていた、心の奥にある自分の本音に気づけることがあります。

私たちはついつい最初の感情を受け止められず、別の「しい」で上書きをくり返して、とうとう本当は自分がどう思っているのかさえわからなくなることが多いものです。心の奥にある本音を感じたくないがために、ちょっとしたことで敏感になり、無意識にまた「しい」をかぶせていくことも少なくありません。

しかし、自分では認めたくない感情も、「行動すること」と分けて感じきるならば、その奥の自分の本音に出会えて展開が変わってくるのです。

つまり、自分の内から出てくる一つひとつを「お詫び」して受け止めていけばいいということです。「お詫び」が日常的になれば、「ごめんなさい」と言わなくても、「あ〜、こんな思いがあったんだなぁ……」と味わうだけで状況は変わってきます。

ある家庭的で上品なお母さんのエピソードです。いつも食事や健康のことを考え、子どものためにといろんな勉強をされていました。

しかし、子どもが好きなはずなのに、何だかいつもイライラしてしまいます。暴れまわって楽しそうに遊んでいる子どもを見て、「伸び伸び育ってよかったなぁ」と思いながらも、何かイライラした感情がわいてくるのだそうです。

気づくとその息子のおしりをパチン！　と叩いていました。そのとたん、お母さんは気づかれました。

「あ～、私も伸び伸びしたかったんだ！　だから息子の伸び伸びした姿を見るとイライラしてしまっていたんだ！」

いいお母さんになろうと本来の自分を押さえて上品に振るまい、本当はやりたくないと感じている料理や掃除を、さも得意なように周囲に見せることに疲れたのです。

彼女は「へそ道」を知って、本来の天真らんまんな自分がむくむくっと出てきたのでしょう。

ある日、子どものおしりをパチン！　としてしまったあと、

「ごめんね！　痛かったでしょ。お母さんいい格好をしていたの。一緒に遊ぼう！」

そう言葉にすることで、初めて自分の素直な気持ちに向き合えたそうです。そして、このときから「子どもはかわいいと思うべきもの」ではなくて、お母さんのなかから本当に「子どもが、かわいくてしかたない」という感情がわいてきたということです。

見えている世界は同じように見えても、「する世界」と「わき上がる世界」では流れる温かみが違うのです。今は親子で毎日感謝しながら楽しく過ごされています。

過去の出来事にとらわれないということ

過去の出来事に対して、「あれでよかったのだろうか？」「こうするべきではなかったのだろうか？」と、いつまでも思い悩んで自分を責めたり、後悔して心に残ってしまうことがあります。

または、過去に起こったことで傷つき、今も影響を受けていることも少なくありません。頭ではどうしようもないことはわかっていても、どうしても気になってしまう出来事。どうすることもできない過去のことが、いつも浮かんできては自分を責めてしまうような場合、まずは、その「感情」と「自分を責めること」を分けてみてください。

過去のどうしようもなかった、浮かんでくるさまざまな出来事や感情のすべてを、**「それでいいよ、それでいいよ、あのときは、そうするしかなかったよね」**と、できるだけ感じきるようにします。たとえ今ならできると思っていても、あのときは、それで精いっぱいだったと「感情と行動」を分けて受け止めるのです。

最初は、自分を責めたり追い詰めたりしてしまうしんどさと、ありのままの感情が出てくるのを恐れているしんどさで混乱してしまうでしょう。

大切なのは、本当に自分と和解するには自分を押さえつけたり、脅したり、説教をしたり、やっつけたりすることではなく、**すべての感情を自由に感じること**なのです。

どんな感情にも自分が味方になり、まずは感じて**「お詫びとお礼」**をします。

こうして、少しずつですが、自分の味方をする練習をするのです。そうすると自ずと、そのことを踏まえて今何ができるのか、またどうしていったらよいかなど、先へ進むための知恵が浮かんでくるものです。

小学生だったMちゃんは、お小遣いをためて、母の日に「おかあさん」という文字のついた湯のみを買いました。

家に帰ると、お母さんは忙しそうに晩ご飯の用意をしていました。Mちゃんの家はおじいちゃん、おばあちゃんも同居する大家族だったので毎食の準備は大変です。

台所をせわしなく動いているお母さんを見ながら、ちょっと迷いましたが、それでも我慢しきれず「お母さん、母の日のプレゼント」そう言って袋のまま湯のみを手渡しました。「ありがとう」とプレゼントを受け取ったお母さんは、その袋をテーブルに起き、また食事の用意に取り掛かりました。Mちゃんがテレビを見ていると「ガチャン！」と音がしました。

台所を見ると、さっきお母さんにあげた湯のみが、お母さんの手に引っかかって床に落ち、袋の中で割れたのでした。お母さんは、その湯のみの袋を拾うと、何と中身も見ずにそのままゴミ箱に捨ててしまったのです。

その瞬間を見てしまったMちゃんは言葉にできないくらいのショックを受けました。

そして大人になっても捨てられた湯のみと自分とが一緒になってしまい、「私はお母さんに捨てられた」そんな気持ちが拭えず、自信もてず、自分は愛されなかったという思いにさいなまれ続けました。

子どもの頃の経験が大人になったMさんの人生にも大きく影響していました。

ここで分けられるのは、捨てられたのは湯のみであり、自分ではないということです。

捨てた湯のみと自分を一体に感じてしまったのですね。小さかった頃の体験ですから無理もないと思います。

湯のみと自分とを分けて考えましょう。湯のみを捨てられたときの気持ちを感じて、「お詫び」することで本来の明るい自分が現れてきます。

同様に、自分は愛されなかったということで自己受容ができなかったり、自己肯定感をもてなかったりする方も多くおられます。

ですが、**「愛された経験がない」ことと「あなた自身」は何の関係もない**ということも知っておいてください。愛される価値がないから愛されなかったのではなく、相手の方が愛する方法を知らなかっただけなのです。

親であれ、恋人であれ、それが誰であれ、十分に愛を注いでくれていたとしても、足らないと感じることはあります。

愛を欲しいのは、みんな同じです。限りある人間同士ですから、充分にもらったという人のほうが少ないのではないでしょうか。ですから、この人から愛が欲しい！　と思ってしまうものですが、愛は、どこからでももらえることを知っておいてください。

求めても限りのある親や人からもらうのではなく、無限の愛のある「へそ」からもらえばいいのです。

「へそに調律させる」ということ

人生を豊かにしてくれるものの一つが仕事だと思います。仕事とは、オフィスで働くことだけをいうのではなく、家庭内の仕事でも同じことです。

そして仕事でも人生でも大切なのは、**表現するということ**だと思います。それはまさに**自分と向き合うこと**にもつながっていきます。なぜなら、自分が心に思うことを表現するには、何よりも自分を信頼しないとできないからです。

特に何かを創りだす、生み出す職業や仕事の場合、いろんな意見や言葉を聞くなかで最終的には自分の感じていることを「良し」として進めていくわけですから、まずは自分自身が自分の味方をしなければ意見をまとめることも難しいでしょう。「へそ」からの意見を素直に聞くこともできません。

まさに、どんな仕事も活動も自分を信頼していく、よい訓練です。

自分と人生との関係は仕事にも大きく影響しています。人生であれ仕事であれ、世間体や常識、人の意見や価値観を気にしすぎると、なかなか「へそ」に従うことはできません。

自分の「へそ」を選べなくなって心が弱くなったときは、**「どうぞ、へそどおり生きさせてください」**と心から祈ってください。

いつも「へそ」の目的に焦点を当て、その時々にわいてくる「しい」にしっかりお詫びをしつつ、「へそ」を選択していくこと。

そのようにして、いつも**「へそに調律させる」**のです。何かの目標や夢をもったとき、味わいながらお詫びをすることで進みやすくなります。

いつも焦点を当てるのは「へそ」の思いです。それ以外の「しい」を消してすっきりするために、お詫びがあるのではありません。いつも「へそ」に戻る、その連続です。

もちろんそこからずれてもいいのです。思い出したら戻ればいいのですから。

ある経営者の方が「へそ道」ワークショップに参加してくださいました。

旅をしながら世界中で勉強をされたその方は、「自分は学ぶ必要はないけれど」と、奥さんの付き添いで来られたのです。

そういう出会いでしたが、１日目でご自分の「へそ」の存在と出会われ、長い間、自分の本音に蓋をしていたことに気づかれたのでしょう。その日は自宅で数時間も号泣しながらのお詫びで大変だったそうです。

「へそ」がわき始めると、いろいろなことに気づく体験がやってきます。

その一つが叱り方についてでした。その方は幼い頃の自分の経験（おそらく親から厳しく躾けられたのでしょう）から、社員をしっかりと叱ることが愛情だと思っていました。

しかし、本来の自分に戻り始めると、今まで自分が社員によかれと思いつつ叱っていたことが、実はただ自分の経験を押しつけていたのだということに気づかれたのです。

ある日、社員と話をしようと思ったとき、初めて社員が怖そうにおびえている様子に気づかれました。

「俺のこと、怖いんか？　悪かったな。俺は今まで自分のことがわからんかったんや。許してや。申し訳なかった」

素直な気持ちに立ち返って、社員に頭を下げられたのだそうです。

そこからその経営者の方は、どんどん本来の慈愛に満ちた人になられました。

あるとき、一人の社員がある不祥事から退社することになりました。以前までの自分なら腹が立って怒っていただろうけれど、心の中で「これを見せられているのはなんだろう？」とふと思われ、退社する社員に向かって怒るのではなく、不祥事を起こすような心持ちにさせたことは自分の不徳だととらえ、「俺に受け入れる器がなくてすまなかった。これは俺の力不足だった」と心からの思いを伝えられたそうです。

こういう会社に天が味方しないはずはありません。

「へそ」どおりに生きようとしたとき、それまでとは風向きが変わって、〝いいふうに〟誘われるから不思議です。

特に経営者のように、社員たちの生活をも引き受けている立場の人の考え方が変われば、一気に職場の雰囲気まで変わることは言うまでもありません。

へそに調律させるリストを書くということ

頭を使った思考からひらめいたものは、書き留めなくては忘れてしまいます。

しかし、不思議なことに「へそ」からわき出てきたものは、ふと何度も同じことが浮かんできて、行動へと向かうように気づかせてくれます。

仕事であれ何であれ、ふと選んだことを行動することで、絶妙なタイミングで物事が動くことを体験させられます。その「間合い」までが計算を超えて必然で起きることを体験するはずです。

それは、この宇宙にある「気・度・間」が、人間の計算を超えて全体とバランスを取ってくれるからだと私は思っています。「気合い」は人が決める力をはるかに上回り、「度合い」はちょうどよく、「間合い」は宇宙と調和しているからでしょう。

仕事でやるべきことを書いたり、忘れたりしないようにするための「Ｔｏ Ｄｏ リスト」というのがあります。自分のやるべきことをリストとして書いておくのです。

「へそ」で動くときは、自分の心の置きどころが大切です。しかし、いきなり「へそ」を感じて思いがわいてくる人ばかりではないでしょうから、あらかじめ普段から「へそ」を中心においた自分の存在の仕方をリスト化することによって、自分の本質に近づく訓練にもなります。

ぜひ、自分の本質を書いた「Ｔｏ Ｂｅ リスト」を作ってみてください。それは「自分の在り方」に気づいていくためのリストでもあります。

伊勢の中山靖雄先生が、いろいろな人と会うたびに、いつもされる質問があります。

「あなたの仕事は何ですか？」

聞かれた人は、「あれ？　中山先生はご存じのはずなのになぁ」と一瞬、きょとんとするか、ハッとするかしてしまいます。

「私の仕事は美容師ですが……」

たとえばそう答えるなら、間髪を入れずに先生はおっしゃいます。

「それはあなたの職業ですね。あなたの仕事は何ですか？」

「えっ？　髪の毛を切ることです……」

それでも中山先生は続けます。

「あなたの仕事は何ですか？」

黙ってしまう相手に対して、先生はこのように続けるのです。

「あなたの仕事は、人のお役に立つことでしょう。そのための手段として美容師を選ばれた。そのような心もちになれればいいですね」

答えに触れた人は、一様に気づくのです。

あなたの仕事は何ですか？「美容師です」となると、うまい美容師、下手な美容師、または大きなお店、小さなお店と頭に比べるものが浮かんでしまいます。

しかし、あなたの仕事は「人のお役に立つこと」となると、どんな仕事もすべて「ありがたい」仕事になります。すべてのどんな職業も……サラリーマンであれ自営業であれ、主婦であれ、学生であれ、それは、すべてが「人のお役に立つ」ための尊い手段となるわけです。


このように、仕事に対してどういう思いでいるのか、またどんな在り方で人のお役に立つかが大切な要素となるでしょう。これは「へそ」でいうミッションのとらえ方と同じで、「何を成すか」が大事なのではなく、「どんな自分」で「何を成すか」が、結果やその後の展開を大きく変えていきます。

だからこそ、「To Be リスト」が役に立つのです。どのような自分が、どのような心もちで仕事をさせてもらい、お役に立っていくのかをリストにするのです。


「出会った人のみたまに敬意をはらう」

「へそからわいてくる気持ちを優先する」

「素直な気持ちで下座に徹する」

「へそ」どおりの存在の仕方に戻れるキーワードをまとめてみるといいでしょう。

このような在り方を身につけたいと思うものを書いたり、このような場面では、こういう行動をしながら貢献してみよう！　と気をつけたいことを書いたりするのもいいでしょう。

どんな使命も未来も、喜んでやっていなかったら意味がないものです。

「To Be リスト」の一つ目はいつも「喜んでいること」。これが大切です。

夫婦であるということ

夫婦というのは、魂を磨き合うために一緒になるのだそうです。

夫婦の出会いとは、前世も含め、互いが「へそ」を磨き合いながらキレイな「みたま」となるよう、二つが一つとなって天に帰っていくためにあると聞きました。

結婚する相手は、実はいちばん学びが深い人と縁が結ばれるといわれています。そのような相手とともに歩み、「へそ」で生きることを確認しながら自分の中にあるものを見せてくれる人なのだと思うと、これまでとは見える世界がどんどん変わっていきます。互いの思い方によっては、いくらでも成長するための学びを深めていけるでしょう。

ある若い奥さんは、いつもだんなさんを立てておられました。ところがだんなさんは、いつも奥さんに遠慮しているみたいに、なぜか居心地が悪そうに見えていたのだそうです。どうしても納得できなかった奥さんですが、「へそ道」のワークショップを受講し、「へそ」で生き始めてから、少しずつ謎が解けていきました。

自分はよい奥さんでなければいけないと思っていたものの、実はご主人に対して不満がいっぱいだったことに気づかれたのでした。

さらに、今まで自分を大切にしてこなかったこと、本当は抱いている感情を歪めてきたことにも気づかれました。その感情にお詫びをすることで自分の感情と素直に向き合い、ずいぶんと楽になられたようですが、それでもまだ何か不思議な気持ちが消えなかったので、「へそ」からわいてくる感情と向き合い続けたそうです。

そして驚くような感情と出会いました。自分の先祖の家柄が夫の家柄よりもよいことで、無意識に自分の家柄に誇りをもつだけではなく、夫の家柄を下に見ていた自分の感情がわき出てきたのでした。あまりにも意識していないことだったので、びっくりしたそうです。そして、そんな感情を認めて、お互いの家系のご先祖さまにお詫びをされました。

すると本当に不思議なことですが、どうにも絡まっていただんなさんとの不思議な力関係が調和して、家庭のなかの空気が変わったのだそうです。なんとなくぎくしゃくするのは、無意識に抱いていた感情からきていたのです。

もしかしたら、これまで長い間、解決していなかった、どこかの代で終わらせるはずだった両家にまつわる思いや因縁が、奥さんが心からお詫びをすることで終わったのかもしれません。

このように、どちらか一方が、「へそ」を知り、気づく感情にお詫びをすることで、長い間の因縁や感情が溶けて夫婦の関係や「みたま」の磨き合いに影響することはよくあります。心だけではひもとけない世界でも、「へそ」同士だとわかり合える。いや、わかり合いたいのだと、たくさんのご夫婦に出会わせていただき、確信しています。

「へそ」で夫婦の関係が変わった、もう一つの事例をご紹介します。

Oさんは、夫婦生活を重ねていくにつれ、どうしても夫のことが受け入れられない気持ちが膨らんでいきました。

夫が仕事に出たあとの脱いだスリッパを見ているだけで腹が立ち、スリッパを見るたびに蹴飛ばしていたそうです。「坊主憎けりゃ袈裟《けさ》まで憎い」と、なんとそんなことが20年以上も続いていたということです。

それがある日、自分は長年、気を晴らすためにスリッパを蹴ってきたけれど、それを長い間、見続けてきた自分の「へそ」はどう感じていたのだろう？　そう思ったとたん、自分の素直な気持ちとともに「お詫び」があふれ出したのです。そして、その感情にお詫びをしつづけてみました。

すると、何度もお詫びをしているうちに、同じようにお礼の気持ちもわき上がってきたそうです。する「お詫びとお礼」から、わく「お詫びとお礼」を体験されたのです。

そして翌日、あれほどずっと憎くて仕方がなかったスリッパが、ただのスリッパにしか見えなくなったそうです。単なるスリッパにしか見えないことが、Oさんにとっては驚きでした。スリッパと自分の感情が離れた瞬間です。

しかも、さらにびっくりされたのが、そのあと取った自分の行動でした。

そのスリッパを見つめていると勝手に体が動いて、夫が履きやすいようにと脱ぎ捨てられたスリッパを揃えていたのだそうです。

そのときの、自分の中からわいてきたお詫びとお礼の感覚は一生忘れることがないとOさんはおっしゃっていました。今でもそのときの感覚を忘れないように、日々の実践を続けられていて、毎日どんどん状況が変化しているそうです。

ちなみに、夫に対してOさんが取っていた態度には大きな理由がありました。

それは若い頃、待ち望んでいた子どもが死産してしまったとき、心身ともに夫が守ってくれなかったことが心の傷になっていたそうなのです。

自分が蓋をしていた20年前の感情にもあらためて気づけたOさんは、夫にぶつけていた悲しみの感情とも向き合い、そのようにしか態度で示せなかったことにもお詫びをしながら、自身をも許せたのでした。だからこそ多くの気づきを得られたのです。

自分が変わることで家庭がよくなるということ

これは夫婦の関係に限らず、出会った方との「みたま」への「お詫び」の例です。

ある奥さんは、夫を変えたくて仕方がありませんでした。どうしても夫のすることが間違って見えて、ならば自分が夫の人生をよくしようと思い続けていたのです。

しかし、あるとき、いつも「夫のためだ」と言いながらも深いところでは違う感情を抱いている自分に気づきました。

「今のあなたのままではだめだよ」
「あなたは変わらないと価値がないよ」

夫のためという行為は、実は夫を裁いている気持ちが根っことなっていたのでした。

ちなみに「偽」という漢字は「人」の「為」と書きます。人のため、人のためと言いながら何か見返りを求めている行為は、「偽」であるのだと漢字も教えてくれています。

その奥さんは、夫の「みたま」に心からお詫びをされました。

今まで夫を批判し、攻撃していた一つひとつの行為に対して、

「ごめんなさい、申し訳ありませんでした」

と何度も何度も心の中でお詫びをされたそうです。

「私は尊い相手のみたまに、なんて失礼なことをしていたのでしょう。申し訳ありません」

そのようなお詫びの思いとともに、

「そのことに、気づかせてくださってありがとうございます」

というお礼の思いもあふれ出したので、お詫びとお礼をくり返しました。

こんな未熟な私ですが、せめてこの人（夫）の「みたま」だけでも、天に戻るときに「妻のみたまに出会えて幸せだった」と思われるような生き方をしようと、もっと「へそ」どおり生きる人になろうと決心を新たにされました。

変えるべきものは夫ではなく、「何かを変えなければ、変えなければ」と思い込んでいた自分自身だったのだと気づいた彼女でしたが、頭が下がる思いは、懺悔のような悲しいものではなく、そこに気づけた幸せもいっぱいあふれてきたそうです。

家庭がよくなるのは、相手を変えることでできるわけではありません。

自分の「へそ」の本心を知らず、上側の自分が本当だとしていると、「へそ」どおり生きている人が「ちゃんとしていない人」「いいかげんな人」に見えてしまいます。

魂というのは、鬼に云うと書きます。自分の中にある鬼と思えるような思いであっても、それを悪者にするのではなく、その「鬼」をしっかりと味わい、受け入れたとき、心の奥に言い聞かせるように、鬼とともにそのままの「私」を生きていけるようになります。

自分の中の鬼を受け入れた人だけ、人の中の鬼の部分を許すことができるのです。

「清濁《せいだく》併せ呑む」という言葉があります。

善と悪の分けへだてをせず、あるがままに受け入れることを表現した言葉だそうです。

白黒をつける以上に、強くて優しい生き方だと思います。

自分の中のパートナーに対する思いと向き合い、お詫びとお礼をすることで現実にはなかなかとおれない道も、心の世界だけでは、とおりきることができます。

自分の「へそ」に素直になれば、自然に思いの切り替えもわき上がらせてもらえます。

あれほど憎んでいた夫が今では理想の人になっているそうです。

「へそ道」方程式を知るということ

「へそ」どおりに生きようと思うとき、お人よしだけでとおれるものではありません。「よい人」になってみんなと仲よくすることや、みんなで喜んで生きることなど、すべて大切なことです。

しかし、それが心からわいてくるものではなく、「そう思うべき」とか「そのほうがいいに違いない」といった思い込みや考え過ぎから起きている思いなら、逆の結果をもたらすことにもなります。

「よい人と思われたい」
「あ～思われたい」
「こう思われたい」
「あ～言われたくない」
「こう言われたくない」

「へそ」を磨いていくときに、つい引っかかってしまう感情です。それが「へそ」からのものなのか、自分の我から起こる感情なのかがわからなくなってしまうのです。

ですから、「へそ」で生きていることを大事に思うとき、人に好かれなくてもいい、というくらいの強さも、ときには必要でしょう。

「へそ」で生きているからといって、周囲にわかりやすいわけではなく、また理解してもらえるともかぎりません。昔から「へそ」で生きることは難しい、と言われるくらい、見えない世界を生きるわけですから、わかりにくくて当然だと思います。

また「へそ」で生きていると、やらなければいけないこと、言わなければいけないことが自分でわかってきます。ですから、そっちの本質の自分を無視して、人に合わせたり、いい人になりたがったりしていると、本当の意味で自分らしく生きられず、「いい人風《ふう》」になってしまいます。

いい人になりたいという思いが強く、自分でどうしていいかわからない方は、ここから少し気が楽になることを書きます。まず、よい人になることを手放して、自分自身に近づくことです。ありのままの自分でいることです。

また、**「みんな違ってみんないい」**ということを多くの人が知るようになった時代だからこそ、そう思わなければならない、そういうものだ、というものを手放し、本当はどう思っているのかをしっかりと感じて、お詫びをします。

もしも、本当の自分が無理しているように感じたり、人の目が気になったり、人のことが受け入れられなかったりするときは、等身大の自分でありのままを感じることです。

まずは、**「みんな違って、どうでもいい！」**くらいから始めるのです。

そして、ひとまず人の目を蹴飛ばして、人のことはおいておいて、自分と天の目だけを気にしてみましょう。そこからが、本当の意味で人とつながることができて、「みんな違ってみんないい」という本物の思いがわき上がってくるはずです。

普通に生きている以上、現実には人の目や、人の言葉、いろんなことが気になると思いますが、勇気を出して自分の思う「いい人」になることを止めてみるのです。

人の評判が気になる人は、評判を落としてもいい。

人気が気になる人は、人気を落としてもいい。

緊張する人は、さらに緊張してもいい。

それくらいの心もちでかまいません。

また「人の期待には応えない」と自分で決めて、普通のままの、ありのままの自分になりましょう。

そのようにして、まずは自分の味方から始めてみることも、とても大切だと思うのです。へそ道の方程式は、このような感じです。

起こる出来事×へそ＝喜び・感謝

つまり、人生で起こる出来事に、何を掛けたら喜んで感謝して生きられるか、ということを心がけることです。まずは「お詫びとお礼」と「思いの切り替え」です。

さらに「へそ」の部分には、人の知恵だけではなく天の知恵も入るでしょう。

このように生きようと思うと、そのときその場で、瞬間、瞬間に知恵をわかせてもらえます。ふと気持ちが切り替わったり、知恵がわくのです。どんなふうに解決するか、どんなふうに乗り切るか、どんなふうにこの今の状況を喜べるか……。これが「へそ道」の方程式です。

もしも、自分自身が「窮屈だな」とか「こうしなければいけないないな」と感じているものがあるとしたら、「へそ」からずれているチェックポイントになります。

「へそ」で生きることに決めごとはありません。「へそ」で生きるということは、正しい生き方とか、よい人になる生き方ではありません。自分らしく生きられる方法なのです。とはいえ「しい」の自分勝手で気ままな思いを実現していくことや、「怒りたいから怒った」というような「しい」に振り回されて自分勝手に生きることが「へそ」どおりでもありません。ここは誠実に感じてみてください。

「難しいことを考えず、無邪気に明るく自分どおりで今を喜ぶ」

これに徹することなのだとつくづく思います。

魂が成長するということ

魂と肉体の年齢は、同じだとは限らないのだそうです。

つまり肉体が立派なことと、「みたま（魂）」が立派なことは関係なく、子どもでも、老人でも、仕事で成功していても、していなくて、表面的な「見た目」と中身の「みたま」は違うということです。

たとえると、「みたま」にも小学生のみたまもあれば大学院生のみたまもあります。

しかし、小学生は悪くて、大学院生がよいというのではないのと一緒で、その学年学年の学びをすることが尊いのです。

ですから、本来のみたまが大学院生なのに、小学生のような働きしかしていない場合は、自分もみたまも、もっと活躍するような場面や機会がやってきますが、小学生のみたまなのに大学院生くらいの働きをしているときには、天の親が喜ぶのだそうです。

見た目の立派さもさることながら、ありがたい人になること。これが大切です。

目に見える世界では、自分より目下で許せない人がいた場合、自分が力を多くもらった分だけ、力のない人を指導したり、叱ったり教えたり責めたりします。

しかし、みたまの世界は多くもらった分の力で、相手をおもんばかったり、許したり、祈ったりするのです。ですから本当に「へそ」で生きている人といるだけで許された気持ちになり、涙があふれたり、理由もなくへそがわいたりすることも少なくありません。

そして、その人の中に「へそ」で生きる種が撒かれるのです。

ありがたい人とはそういう「へそ」どおり生きている人です。

その人がいるだけで、周囲の人がその香りに包まれるだけで、魂が成長できるのですから、そういう人になりたいものです。

「分どおりぶんどらせる」のが天の道といわれ、自分の分どおり知ることができるといわれています。自分のもち分どおり、十分に生きるところに喜びがあるのです。

そして、自分がとおらせていただいた分だけ語らせていただく。

すると、聞いた方の中に、理解はできなくても種が落ちて、その人が「いざ」というとき、また必要なときにその種が発動して、その方の中から答えがふとふとわき上がるのです。

恩送りをするということ

筑波大学名誉教授の村上和雄先生は著書の中で、こう書かれています。

〈人間は、体と心からできていると一般に言われるが、そのほかに通常ほとんど意識されない精神の深部の魂と呼ばれるものがある。これは、現世一代かぎりではなく、過去現在未来を貫く時間の中で、永遠に生きどおしであると聞いている。その中で受けた恩は返すようになっていて、恩をこうむる一方では、恩づまりになると言われています。〉

ご恩をいただいたことをその方にお返しする「恩返し」と、そのご恩をどんどん次の世代に送っていくこと、これを日本では「恩送り」といいます。

これは、前世のことも含めて恩を返していくということです。

とても美しい言葉であり、美しい思いではないでしょうか。

見た目は幸せで、うまくいっているように見えても、実は生きづらさを感じている方がおられるかもしれません。

自分の中にある罪悪感や自己否定、懺悔の思いがあるがゆえに、大切な人の思いに気づけなかったり、今を喜んで生きることができなかったりする方もおられるかもしれません。

しかし、自分を否定しながら、罪悪感などの思いを力にして生きることは悲しいことです。そのような思いで、人さまのお役に立ちたいと尽くしても、どんなよいことをしても、周囲の人は本当には、幸せにはなれないと私は思うのです。

それはこれらの罪悪感からくる思いは、自分のための思いだからです。もし懺悔をするような思いがあるならば、その思いを「恩送り」「感謝送り」に変えていただきたいのです。

これまで迷惑をかけてきた、私のせいで苦労をかけたなど過去のことで、そのような思いがあるとすれば、それを喜んで生きるための思いに切り替えてください。

恩返しをしたい人がいなくても、その方に恩を返すつもり、感謝を返すつもりでどなたかのために思いを送っていく。すると生きる力のわきどころが変わります。喜びが加わるのです。

「私は絶対に成し遂げる」――それが「感謝送り」と「恩送り」からいただく力です。

多くの人は、本当は優しいがゆえに傷ついたり、争ったりしていると思うのです。仲よくしたい思いがあるからこそ、争うのです。

私たちは、お互いに気を使い合いながら生きてきたにも関わらず、その思いが通じなくて悲しみを共有しているのかもしれません。

自分の人生の目標をもつときに、「人生を楽しむ」「人生を喜ぶ」というニュアンスに、「人を楽しませる」「人を喜ばせる」ことを含むといいでしょう。

なぜなら、私たちは自然に相手のことを考え、自分の気持ちを抑えてでも、相手を思いやってきたような、よきものがもともとあります。それゆえに傷ついたことも多いのですが、その特性は「みたま」本来の「自分さておき皆さまへ」というものをいただいているからなのです。

ですから、傷つくことより、「人を思う」本性に目を向けたとき力がわくのです。勇気を出して、「へそ」からのミッションに向かえば向かうほど、自分だけではなく多くの人に、心から喜んでもらえるようになるでしょう。

自分からわき上がる思いはすべてのもとに届き、その一点からつながっているみんなにも届いていきます。そして、すべてのもとからの情報を自分の全細胞が収集しようとしはじめます。

さらに「へそ」でつながったご縁のある魂が、自分の役割を加勢してくれるのです。そんな不確かでありながら、自分にだけ明確な感覚で動けることは喜びしかありません。だからこそ腹をくくり、思い込み、そこに意志をもって動くのです。

このような話題を自由にできる時代に生かされ、天どおりの生き方ができることは本当に幸せなことです。

きっとこれまでの時代で、自由に「みたま」について語ることができて、これほど安全で、水や食べることにも不自由せず、便利な時代はなかったでしょう。これまで大変な時代を生き抜いて命をつないできてくださった方々のことを思い、恩送りをするときです。

親が子どものためにと栄養のある食事を作って出してくれるように、私たちの前に出されている出来事が、天の親の思いだとするならば、喜んで「いただきます」と受け止めてみましょう。この生き方が感謝を返すことだと思うのです。

「へそ」を本体として生きること。天に対しての、いちばんの恩送り、感謝送りは、先端を生きる私たちが自分の役割をまっとうし、**「今を喜んで生きること」**です。

これまでの歴史のなかで、神代《かみよ》の時代から今日までつなげてくださったこと。

命の危険も飢えも戦いも、想像もできない危険や苦労を乗り越え、短い寿命のなかで、医療も薬もない時代をくぐり抜け、何代も何代も命をつなぎ、こうして自分という命にまでつなげてくださった長い長い命の、へその緒のつながりを全肯定して生きること。

これが大きな恩返し、恩送りにつながっていくと思うのです。

あとがき

原稿を書き終えた今、さらに「へそ」の世界を深め、生ききろうという思いを強くしています。

とはいえ、「へそ」で生きる喜びや豊かさをたくさんの方に知ってほしい、という使命感いっぱいで燃えている私と、これまでと何も変わらない、普通の平々凡々とした母としての私もそこにはいます。

両極端の自分を感じながら思うのは、母として「**おてんとうさまが見ているよ**」ということを伝えたいという気持ちは、両者とも一緒だということです。

私は父の死によるトラウマの影響もあって、突然、理由もなく自分が間違っているように感じ、不安に襲われることが今もあります。そんな私だからこそ、「へそ」の存在を伝える生き方しかない、と自ら実践しはじめたときのことです。

ある日の明け方のこと。

「心に神殿を建てろ」

はっきりと「へそ」からわき起こり、ハッと目覚めて涙があふれました。

それは、「何を心配しているんだ?」

そう言われている気がしたのです。

この心配や不安こそ「しい」以外の何者でもありません。

目に見える世界での安定を求める以上に、何があっても揺るがない神殿のような「みたま」を自分の中に築きあげる道のりこそが大切なんだ、と感じた言葉でした。

汝の思いを清めよ
汝の願いを高めよ
汝の祈りを深めよ
一念透徹すれば
天地も動く

（中山靖雄）

行動するのは、私たちです。

いくら「へそ」に素晴らしい思いがあったとしても肉体がなければ、それを表現することはできません。また、肉体だけが、この世に何かを現したとしても、「へそ」とつながっていなければ、何かが虚しいかもしれません。

その二つが一緒になり、ともにこの地球上に喜びを表していく、そういう世界があるのだと信じています。

最後にもう一つ、長くなりますが、「へそ」からの言葉をご紹介したいと思います。

多くの方に「へそで生きる」ことをお伝えするようになったある明け方、まるで針が刺さったかのような感覚とともに自分の中に言葉があふれてきました。

これは、私にだけ向けられた言葉ではないと思い、書き残したものです。

「手を合わすとは、今の自分に合わすこと」

手を合わすとは今の自分に（手を）合わすということ

居合わすということ

天に帰る道、天は下座にいる限り、その者を守り続けることができる

常に常に
今の自分に合わすこと

ただそれのみである
その自分がもとどおりである

こねくりまわさず
今ここに
あらわれしことを
素直に
いただき
喜んで
もとのおやと響き合い

さぁさぁさぁさぁ
いきましょう

作りものではいけません
作りものでは
続きません
作りものでは生きられません

もとのおやさま、身にいれて
清い道を連なって

今は細い一本道
いつか大きな道になり
まるごと天が抱くときまでは

道を作っていくことが
そこを歩いていくことが

今のみんなの今いるところに
手を合わすとは
私が（天が）みんな（歩いている民）に合わせているのです

ようお戻りになられました
お待ちもうしておりました

この地球で違う地球を見せられる

この本の最後に、大切なみたまで生きることを教えてくださった中山靖雄・みどりご夫妻、みたまで生きておられる諸先輩の皆さまに心より感謝申し上げます。

また、これまで私を支え、応援してくださった皆さまと、私に「あふれる感謝」という学びを残してくれた亡き父と、祖父、祖母にも心から感謝します。

この時代に、この本を、サンマーク出版の鈴木七沖さんとともに形に出来たこと、そしてこの本を手に取ってくださった皆さまとのご縁の不思議に感謝し、皆さまの人生が真の喜びであふれますようにとお祈りしています。

「もとへかえろう、すべてのもとへ」

２０１４年７月吉日

入江富美子

入江 富美子（いりえ・ふみこ）
大阪出身。ファッションデザイナーを経て、アロマセラピスト、大手企業の外部講師として活動。その後、自身の体験から「あなたのままで大丈夫」というメッセージを多くの人に伝えたいと思い、未経験ながら映画「1/4の奇跡～本当のことだから～」（2007年）を制作。映画監督デビュー作であるこの作品は海外18か国も含め、国内外1600か所で上映され、観客動員数は16万人を超える。他に「光彩～ひかり～の奇跡」（2008年）、「天から見れば」（2011年）も発表。全3作品とも日本だけでなく海外でも高評価を得る。また村上和雄ドキュメント「SWITCH」（鈴木七沖監督）では、「ミッションを生きる」女性として出演し、話題となる。著書に『1/4の奇跡～もう一つの、本当のこと～』（三五館）、絵本作家のぶみとのコラボ絵本『おへそのさき』『わけたらふえる？』（七田教育出版）。現在は自ら考案した「へそ道」のワークショップを主宰。国内外にて精力的に活動を続けている。

へそ道　宇宙を見つめる 使命を見つける

2014年 8 月30日 初版発行
2025年 5 月30日 第4刷発行

著　者　入江富美子
発行人　黒川精一
発行所　〒169-0074
株式会社 サンマーク出版
東京都新宿区北新宿 2-21-1
（電）03-5348-7800

印　刷　共同印刷株式会社
製　本　株式会社若林製本工場

ISBN978-4-7631-3381-6 C0030
ホームページ　https://www.sunmark.co.jp